EXPLORANDO

~ E ~

INTERPRETANDO

SUEÑOS

EXPLORANDO

~ E ~

INTERPRETANDO

SUEÑOS

BENNY THOMAS

WHITAKER
HOUSE

Todas las citas de la Escritura son tomadas de la *Santa Biblia, Versión Reina-Valera 1960*, rvr, © 1960 por las Sociedades Bíblicas en América Latina; © renovado 1988 por las Sociedades Bíblicas Unidas. Usadas con permiso.

Negrita y cursiva en las citas de la Escritura indica que es énfasis del autor.

Traducción al español realizada por:
Belmonte Traductores
Manuel de Falla, 2
28300 Aranjuez
Madrid, ESPAÑA
www.belmontetraductores.com

Explorando e Interpretando Sueños

(Publicado originalmente en inglés bajo el título:
Exploring and Interpreting Dreams)

Benny Thomas
5355 Concord Road
Beaumont, TX 77708
www.bennythomas.org

ISBN: 978-1-60374-930-5
eBook ISBN: 978-1-60374-931-2
Impreso en los Estados Unidos de América
© 2013 por Benny Thomas

Whitaker House
1030 Hunt Valley Circle
New Kensington, PA 15068

1 2 3 4 5 6 7 8 9 10 11   LIJ   19 18 17 16 15 14 13

RECONOCIMIENTOS

Quiero expresar mi más sincera gratitud a mi esposa, Sandy, quien fielmente me apoyó durante el desarrollo y la escritura de este libro. Ella me ayudó, me animó, y se ha sacrificado para que salga a la luz el producto final.

También le doy gracias a Susan, Anita, y LaRue, miembros de mi personal, quienes trabajaron arduamente descifrando mis notas para pasar el manuscrito a máquina; sólo para corregirlo, editarlo, y revisarlo. También quiero dar las gracias a mi editora, Debra Petrosky, quien me alentó y me aconsejó para llevar a término el libro.

ÍNDICE

PREFACIO

Este libro no es de la Nueva Era!

No tiene nada que ver con el ocultismo.

Este libro de ninguna manera está relacionado con la sicología.

Mucha gente ve un libro que trata de este tema y automáticamente supone que encaja en una de las categorías mencionadas anteriormente. Eso se puede entender. Seguidores de la Nueva Era, miembros del ocultismo y sicólogos han ahondado en este tema de los sueños, y no son tímidos en cuanto a compartir sus creencias.

Este libro se ha escrito para ayudar a los cristianos que creen en la Biblia a oír de parte de Dios durante la noche: una experiencia muy bíblica. Permítame llevarle en un paseo para introducirle a un mundo que muchas veces ha sido interpretado y representado erróneamente, un lugar cuyo terreno ha sido definido en las Escrituras, un mundo dado por Dios: el mundo de los sueños.

INTRODUCCIÓN

Cuando yo era un cristiano recién convertido, asistí a un servicio en mi iglesia donde una mujer testificó que Dios le había hablado en un sueño. ¿Qué? Mis oídos se abrieron. ¿La escuché bien? ¿Será verdad que Dios les habla a las personas en los sueños? Al llegar a mi hogar esa noche, me arrodillé al lado de mi cama y hablé con Dios.

"Señor", le pregunté, "¿es verdad que tú le hablas a la gente en sueños? Si es verdad, te pido que por favor me hables en un sueño esta noche".

Esa oración sencilla me encaminó en una aventura emocionante sobre cómo oír la voz de Dios. Cuando desperté a la mañana siguiente, recordé que tuve un sueño muy claro y de mucho significado. El entusiasmo por oír de parte de Dios de esta forma me inundó. Estaba ansioso por seguir explorando esta nueva frontera. ¡Y sí que la exploré!

Desde ese tiempo, Dios comenzó a enseñarme acerca de cómo recibir e interpretar sueños. Como yo personalmente no conocía a cristianos que poseyeran experiencia en estos asuntos, tuve que recorrer yo mismo lentamente y con cuidado el proceso de aprendizaje. Durante un período de varios años, Dios me enseñó muchas verdades acerca de este método válido de comunicación.

Paso a paso, experiencia tras experiencia, escritura tras escritura, Dios gradualmente aumentó mi conocimiento en esta área. Ciertos patrones comenzaron a desarrollarse. Algunos principios comenzaron a tomar forma. Las piezas del rompecabezas comenzaron a encajar. Al escribir y analizar mis sueños con mucho cuidado, adquirí conocimiento, sabiduría, y desarrollé destrezas en cómo oír de parte de Dios durante la noche. Confirmación tras confirmación me aseguró que Dios me estaba hablando y que también Él le hablará a usted a través de sueños: continuamente y regularmente.

¡Es realmente verdad!

Usted está a punto de beneficiarse de la sabiduría que me tomó años acumular. Haré todo lo que pueda para guiarle paso a paso a través de las diferentes fases de esta frontera emocionante. Como su guía en este mundo de los sueños, es mi meta ser lo más claro y exhaustivo posible para que usted aprenda. Procederemos cuidadosamente para que pueda usted recibir una orientación completa y detallada. Acompáñeme mientras exploramos un mundo del que Daniel y José obviamente fueron pioneros siglos atrás: el mundo de los sueños.

1

EL MUNDO DE LOS SUEÑOS

Bienvenido a un mundo dentro de nuestro mundo! Este mundo del que le hablo es un mundo nuevo y emocionante porque es parte del movimiento profético de Dios en nuestra generación. Este mundo es también tan viejo como la historia escrita. El libro de Job, el libro más antiguo en la Biblia, revela parte de sus territorios. Su terreno desafiante es tan viejo como los eventos escritos en el libro de Génesis y tan nuevo como los eventos profetizados en el libro de Apocalipsis.

Este mundo virgen está prácticamente inexplorado; sin embargo, contiene muestras de haber sido recorrido muchas veces en la historia. Algunos pioneros lo han examinado cuidadosamente durante expediciones regulares; otros han captado solamente una vislumbre mediante experiencias breves.

Existen rumores y supersticiones acerca de las partes internas de este mundo. Pensando que este mundo es un lugar de inmenso peligro, muchos han dejado de cruzar sus fronteras. Algunos piensan que este mundo está bajo el control de demonios; y otros lo han desechado como un lugar donde solamente las imaginaciones y los productos de fantasías ocupan sus territorios.

Usted quizá sienta un poco de duda acerca de aventurarse a cruzar la frontera hacia este mundo poco familiar. Quizá le hayan avisado en contra de él. ¡Y quizá por una buena razón!

Personas normales e inteligentes no se tiran de cabeza en aguas desconocidas. Pero quiero hacerle tres preguntas:

1. ¿Quiere oír la voz de Dios con claridad?

2. ¿Quiere andar en la llenura del Espíritu de Dios?

3. ¿Quiere estar en la vanguardia de lo que Dios está haciendo al final de los tiempos?

Escuche, amigo. No eche la precaución al viento porque tiene un deseo de crecer en el Señor. Considere el sabio consejo del apóstol Pablo acerca de cómo evaluar la doctrina. *"Examinadlo todo; retened lo bueno"* (1 Tesalonicenses 5:21).

¿No está de acuerdo? ¿Por qué no prestar atención a este consejo mientras le hablo de mi testimonio? El Señor me dirigió a entrar en este mundo que he estado describiendo. Él me dirigió a entrar una y otra vez, y me envió a explorarlo de manera completa, cuidadosa y precisa. Él empleó —y yo invertí— años desarrollando mi conocimiento de su terreno interior, sus contenidos y sus territorios. Como guía con experiencia, estoy calificado para llevarle en un viaje para explorar las profundidades de este mundo.

Sin embargo, antes de que me acompañe, ¿por qué no lee de lo que yo he aprendido acerca de hacer este viaje? No tiene que entrar de lleno para considerar los beneficios y riesgos de tal viaje. Después de que haya realizado este viaje exploratorio, usted puede tomar sus propias decisiones acerca de entrar o no entrar en este mundo. Al menos, podrá basar su decisión en lo que haya considerado cuidadosamente, y no en algo que hizo "a lo loco". Estoy seguro de que ya se ha dado cuenta de que el mundo que le vengo describiendo es el mundo de los sueños.

Usted puede recibir sueños de parte de Dios

¿Habla Dios a las personas en sueños? ¿Le hablará Dios a *usted* en *sus* sueños? Si es así, ¿cómo puede saber cuándo le habla Dios mediante un sueño y cuándo no? Si Dios le da un sueño, ¿cómo sabrá usted la interpretación?

Los cristianos tienen muchas preguntas acerca de este intrigante tema, pero no han encontrado muchos recursos para enseñarles y contestar sus preguntas. Usando las Escrituras y mis experiencias personales como fundamento, este libro contestará muchas de sus preguntas concernientes a los sueños.

El hombre ha estado soñando desde que fue creado. A través de la historia, Dios ha usado los sueños para comunicarse con el hombre. Los muchos sueños registrados en la Biblia confirman que ese es un canal válido a través del cual Dios habla a su pueblo. Esta inusual forma de recibir dirección inspirada por Dios ahora está comenzando a entrar en su plenitud. ¡Dios está acelerando como nunca el uso de este vehículo de comunicación a medida que entramos en los últimos tiempos!

Los sueños desempeñarán un papel vital en cómo Dios impartirá dirección a su pueblo en los días venideros. En estos últimos tiempos, nosotros "soñaremos sueños". (Véase Joel 2:28; Hechos 2:17).

Dios es un Dios de muchas voces. Veamos las Escrituras para descubrir cómo se comunica Dios con los hombres.

*Dios, habiendo hablado **muchas veces y de muchas maneras** en otro tiempo a los padres por los profetas, en estos postreros días nos ha hablado por el Hijo.* (Hebreos 1:1–2)

Dios habla de muchas maneras. Él quiere que su pueblo tenga la habilidad de oírle en todas las maneras que Él usa para hablar. Los sueños son sólo una de las formas de comunicación entre Dios y el hombre. De hecho, los sueños serán una de las formas comunes que Dios usará para hablar a los creyentes en los días venideros.

Por favor, considere el siguiente comentario con una mente abierta. Recuerde que el apóstol Pablo nos animó a *"examinadlo todo; retened lo bueno"* (1 Tesalonicenses 5:21). Le insto a que preste atención a esta exhortación bíblica mientras medita en el siguiente comentario:

Usted puede aprender a recibir sueños de parte de Dios. Los puede recibir regularmente, y puede desarrollar destrezas para interpretarlos. Los sueños y sus interpretaciones pueden convertirse en un método clave para recibir dirección de Dios acerca de todas las áreas de su vida.

Este libro presenta una base bíblica y sólida sobre la cual podrá desarrollar esta habilidad en su propia vida. Los principios que va a leer pueden ser de mucho valor para usted mientras Dios comienza a hablarle a través de los sueños. Estas enseñanzas han provocado experiencias dramáticas y transformadoras para muchos otros, y pueden hacerlo para usted también.

Venga conmigo y vamos a explorar el fascinante mundo de los sueños. Después de mostrarle dónde está mapeado en las Escrituras este terreno, incluiré mis experiencias y perspectiva personal para ayudarle a viajar en esta tierra.

¿Qué son los sueños?

Los sueños son una serie de pensamientos, imágenes o emociones que se producen mientras estamos durmiendo. Yo no he conocido ni a una sola persona que no haya podido recordar tener algún tipo de sueño durante su vida. Para Daniel, los sueños eran *"visiones de su cabeza mientras estaba en su lecho"* (Daniel 7:1).

La Biblia generalmente enseña la verdad usando dichos directos o a través de demostraciones, ejemplos o patrones. La Biblia presenta los sueños de esas maneras como un medio válido que Dios usa para comunicarse con el hombre. Leamos dos declaraciones directas acerca de los sueños.

Por sueño, en visión nocturna, cuando el sueño cae sobre los hombres, cuando se adormecen sobre el lecho, entonces revela al oído de los hombres, y les señala su consejo.

(Job 33:15–16)

Y en los postreros días, dice Dios, derramaré de mi Espíritu sobre toda carne, y vuestros hijos y vuestras hijas profetizarán; vuestros jóvenes verán visiones, y vuestros ancianos soñarán sueños. (Hechos 2:17)

La Biblia también demuestra que Dios ha usado este método para hablarles a los hombres durante la historia. De hecho, Dios no se limita a hablar solamente a sus hijos en sueños. ¿Se acuerda de la argucia de Abram?

Y aconteció que cuando estaba para entrar en Egipto, [Abram] dijo a Sarai su mujer: He aquí, ahora conozco que eres mujer de hermoso aspecto; y cuando te vean los egipcios, dirán: Su mujer es; y me matarán a mí, y a ti te reservarán la vida. Ahora, pues, di que eres mi hermana, para que me vaya bien por causa tuya, y viva mi alma por causa de ti.

(Génesis 12:11–13)

Como resultado, Faraón recibió a Sarai en su casa y Dios le azotó con plagas. Reconociendo la ira de Dios, él despidió a la pareja. Sin embargo, unos capítulos después Abram utilizó el mismo engaño. En este caso, Abimelec, rey de Gerar, recibió a la "hermana" de Abram en su casa. ¿Y qué hizo Dios?

*Pero Dios vino a Abimelec **en sueños de noche**, y le dijo: He aquí, muerto eres, a causa de la mujer que has tomado, la cual es casada con marido. Mas Abimelec no se había llegado a ella, y dijo: Señor, ¿matarás también al inocente? ¿No me dijo él: Mi hermana es; y ella también dijo: Es mi hermano? Con sencillez de mi corazón y con limpieza de mis manos he hecho esto. Y le dijo Dios **en sueños**: Yo también sé que con integridad de tu corazón has hecho esto; y yo también te detuve de pecar contra mí, y así no te permití que la tocases.*

(Génesis 20:3–6)

Comenzando con este ejemplo, Dios establece los sueños como una forma bíblica que Él usa para hablarles a los hombres. A través de sueños, Dios habló a personas del Antiguo y el Nuevo Testamento, incluyendo a José, Faraón, Jacob, Salomón, Nabucodonosor, Daniel y otros.

Preservados de la inanición

Dios también preservó a su pueblo durante un período de hambruna muy severa usando a José como el instrumento para interpretar un sueño que tuvo Faraón, el gobernador de los egipcios. Este joven hebreo, que fue vendido como esclavo por sus hermanos, fue acusado falsamente por la esposa de Potifar, y fue encarcelado. Sin embargo, aun en la cárcel, José se distinguía en su conducta y en su habilidad para interpretar sueños.

Enojado con su copero y su panadero, Faraón los encarceló junto con José. Estos dos oficiales tuvieron sueños la misma noche y se entristecieron al no entenderlos. José escuchó los sueños, les dio la interpretación, y le pidió al copero que se acordara de él cuando Faraón le reinstalara en su puesto. Dos años después, cuando Faraón tuvo un inquietante sueño que nadie pudo interpretar, el copero finalmente se acordó de la habilidad de José para interpretar sueños.

Entonces Faraón envió y llamó a José. Y lo sacaron apresuradamente de la cárcel, y se afeitó, y mudó sus vestidos, y vino a Faraón. Y dijo Faraón a José: Yo he tenido un sueño, y no hay quien lo interprete; mas he oído decir de ti, que oyes sueños para interpretarlos. Respondió José a Faraón, diciendo: No está en mí; Dios será el que dé respuesta propicia a Faraón. Entonces Faraón dijo a José: En mi sueño me parecía que estaba a la orilla del río; y que del río subían siete vacas de gruesas carnes y hermosa apariencia, que pacían en el prado. Y que otras siete vacas subían después de ellas, flacas y de muy feo aspecto; tan extenuadas, que no he visto otras semejantes en fealdad en toda la tierra de Egipto. Y las vacas flacas y feas devoraban a las siete primeras vacas gordas; y éstas entraban en sus entrañas, mas no se conocía que hubiesen entrado, porque la apariencia de las flacas era aún mala, como al principio. Y yo desperté. Vi también soñando, que siete espigas crecían en una misma caña, llenas y hermosas. Y que otras siete espigas menudas, marchitas, abatidas del viento solano, crecían después de ellas; y las espigas menudas devoraban a las siete espigas hermosas; y lo he dicho a los magos, mas no hay quien me lo interprete. Entonces respondió José a Faraón: El sueño de Faraón es uno mismo; Dios ha mostrado a Faraón lo que va a hacer. Las siete vacas hermosas siete años son; y las espigas hermosas son siete años: el sueño es uno mismo. También las siete vacas flacas y feas que subían tras ellas, son siete años; y las siete espigas menudas y marchitas del viento solano, siete años serán de hambre. Esto es lo que respondo a Faraón. Lo que Dios va a hacer, lo ha mostrado a Faraón. He aquí vienen siete años de gran abundancia en toda la tierra de Egipto. Y tras ellos seguirán siete años de hambre; y toda la abundancia será olvidada en la tierra de Egipto, y el hambre consumirá la tierra. Y aquella abundancia no se echará de ver, a causa del hambre siguiente la cual será gravísima. Y el suceder el sueño a Faraón dos veces, significa que la cosa es firme de parte de Dios, y que Dios se apresura a hacerla.

(Génesis 41:14–32)

Dios usó un sueño para advertirle a Faraón de la hambruna que estaba por llegar. Faraón prestó atención al aviso y puso a José como administrador sobre toda la tierra. La hambruna afectó al mundo entero, pero Egipto había planeado de antemano para esa crisis. Hasta les vendieron grano a las otras naciones, lo cual ayudó a preservar a la familia de José del hambre.

Confianza en la batalla

A pesar de que conquistaron al rey de Canaán y disfrutaron cuarenta años de descanso, Israel pecó y sufrió el juicio de Dios. Los madianitas destruían su tierra, robaban sus ganados y amedrentaban a la gente.

Mientras Gedeón sacudía el trigo tímidamente en el lagar de su padre, un ángel se le apareció y le dijo: "Jehová esta contigo, varón esforzado y valiente". *"Ve con esta tu fuerza, y salvarás a Israel de la mano de los madianitas. ¿No te envío yo?"* (Jueces 6:14).

Este libertador dudoso preguntó: *"Ah, Señor mío, ¿con qué salvaré yo a Israel? He aquí que mi familia es pobre en Manasés, y yo el menor en la casa de mi padre"* (Jueces 6:15). Gedeón necesitaba confirmación de que Dios lo iba a usar para libertar a Israel. Varias señales milagrosas de parte de Dios ayudaron a aumentar la confianza de Gedeón.

Aproximadamente 32.000 israelitas se juntaron con Gedeón, pero Dios disminuyó su ejército a 300 hombres. Su pequeño equipo cargó cántaros, antorchas y trompetas contra un ejército inmenso. Reconociendo el titubeo de Gedeón, Dios le dio las siguientes instrucciones:

> *Levántate, y desciende al campamento; porque yo lo he entregado en tus manos. Y si tienes temor de descender, baja tú con Fura tu criado al campamento, y oirás lo que hablan; y entonces tus manos se esforzarán, y descenderás al campamento.*
>
> (Jueces 7:9–11)

Gedeón y su sirviente viajaron hasta los puestos avanzados del campamento de sus enemigos, donde escucharon una conversación que lo inyectó de valentía:

> *Cuando llegó Gedeón, he aquí que un hombre estaba contando a su compañero un sueño, diciendo: He aquí yo soñé un sueño: Veía un pan de cebada que rodaba hasta el campamento de Madián, y llegó a la tienda, y la golpeó de tal manera que cayó, y la trastornó de arriba abajo, y la tienda cayó. Y su compañero respondió y dijo: Esto no es otra cosa sino la espada de Gedeón hijo de Joás, varón de Israel. Dios ha entregado en sus manos a los madianitas con todo el campamento. Cuando Gedeón oyó el relato del sueño y su interpretación, adoró; y vuelto al campamento de Israel, dijo: Levantaos, porque Jehová ha entregado el campamento de Madián en vuestras manos.*
>
> (Jueces 7:13–15)

Al escuchar el sueño y su interpretación, Gedeón obtuvo la confianza que necesitaba para conquistar a los madianitas. Sabiendo que había oído de parte de Dios, Gedeón dirigió un grupo de 300 hombres contra una un vasto ejército, y los derrotó.

Aviso y dirección

Dios también usa los sueños para proveer guianza, dirección y aviso. Aquellos que obedecieron esos mensajes que Dios mandó a tiempo, pudieron evitar malentendidos, problemas y aún la muerte. Vamos a ver varios ejemplos.

José, que estaba comprometido con María, se enteró de algo desconcertante sobre su futura esposa. Antes de estar casados, María se halló embarazada. Como era un hombre justo, José no quiso humillarla públicamente. Mientras él contemplaba dejarla secretamente, recibió instrucciones específicas en un sueño.

> *Y pensando él en esto, he aquí un ángel del Señor le apareció **en sueños** y le dijo: José, hijo de David, no temas recibir a María tu mujer, porque lo que en ella es engendrado, del Espíritu Santo es. Y dará a luz un hijo, y llamarás su nombre Jesús, porque él salvará a su pueblo de sus pecados.*
>
> (Mateo 1:20–21)

Después del nacimiento de Cristo, hombres sabios del oriente llegaron para adorar al Rey recién nacido. Herodes también estaba interesado en saber dónde se encontraba este líder profetizado. Sin embargo, su motivo era eliminar la competencia al trono.

> *Cuando Jesús nació en Belén de Judea en días del rey Herodes, vinieron del oriente a Jerusalén unos magos, diciendo: ¿Dónde está el rey de los judíos, que ha nacido? Porque su estrella hemos visto en el oriente, y venimos a adorarle. Oyendo esto, el rey Herodes se turbó, y toda Jerusalén con él....Entonces Herodes, llamando en secreto a los magos, indagó de ellos diligentemente el tiempo de la aparición de la estrella; y enviándolos a Belén, dijo: Id allá y averiguad con diligencia acerca del niño; y cuando le halléis, hacédmelo saber, para que yo también vaya y le adore.* (Mateo 2:1–3, 7–8)

La estrella que los sabios habían seguido desde el oriente también los llevó hasta Jesús. Después de adorarle y presentarle sus regalos, ¿le informaron a Herodes del lugar donde estaba el niño? ¡No!

*Pero siendo avisados por revelación en sueños que no volviesen a Herodes, regresaron a su tierra por otro camino. Después que partieron ellos, he aquí un ángel del Señor apareció **en sueños** a José y dijo: Levántate y toma al niño y a su madre, y huye a Egipto, y permanece allá hasta que yo te diga; porque acontecerá que Herodes buscará al niño para matarlo.*

(Mateo 2:12–13)

Cuando despertó, José tomó a su familia, y viajaron a Egipto de noche. Enojado porque los sabios le engañaron al no regresar, Herodes envió soldados a matar a todos los niños varones en Belén recién nacidos hasta la edad de dos años. Jesús escapó a una muerte segura porque José obedeció al sueño. Dios también utilizó un sueño para avisar a José de que era tiempo de volver a Israel.

*Pero después de muerto Herodes, he aquí un ángel del Señor apareció **en sueños** a José en Egipto, diciendo: Levántate, toma al niño y su madre, y vete a tierra de Israel, porque han muerto los que procuraban la muerte del niño. Entonces él se levantó, y tomó al niño y a su madre, y vino a tierra de Israel. Pero oyendo que Arquelao reinaba en Judea en lugar de Herodes su padre, tuvo temor de ir allá; pero avisado por revelación en sueños, se fue a la región de Galilea, y vino y habitó en la ciudad que se llama Nazaret, para que se cumpliese lo que fue dicho por los profetas, que habría de ser llamado nazareno.*

(Mateo 2:19–23)

José recibió guianza divina a través de sus sueños en varias ocasiones. Dios le guió en momentos clave comunicando su voluntad en sueños durante la noche.

¿Son los sueños validos hoy día?

Estos pasajes bíblicos demuestran que los sueños han desempeñado un papel muy importante en nuestra herencia cristiana. Pero ¿qué de los tiempos en que vivimos? Los cristianos de hoy viven en un tiempo que muchos creen que será la última generación antes del retorno de Jesucristo. ¿Son los sueños relevantes para nosotros hoy? Querido amigo cristiano, la respuesta sin duda es: "¡Sí!". Los sueños son más válidos hoy de lo que han sido desde el comienzo de la historia. Dios quiere hablarle en una variedad de formas. Los sueños definitivamente son una de esas formas.

Dios nos reveló su naturaleza cuando dijo: *"Porque yo Jehová no cambio"* (Malaquías 3:6). Dios creó al hombre y le dio la capacidad de soñar. Dios ha demostrado su uso de sueños como una forma válida de hablarle al hombre en la Biblia. ¿Será que Él cambió de repente y ya no habla de esta forma?

¡No, seguro que no! Dios todavía les habla a los hombres en sueños. ¡Recibir sueños es una indicación de que el Espíritu Santo ha sido derramado en estos últimos tiempos!

Y en los postreros días, dice Dios, derramaré de mi Espíritu sobre toda carne, y vuestros hijos y vuestras hijas profetizarán; vuestros jóvenes verán visiones, y vuestros ancianos soñaran sueños. (Hechos 2:17)

¿Lo ve?

¡Los sueños son bíblicos!

¡Los sueños son para hoy!

¡Y los sueños son para usted!

Dios está levantando una iglesia que se moverá en medio de señales y maravillas. Él quiere que su pueblo tenga conocimiento sobre la forma en que el Espíritu Santo trabaja. Dios está levantando "Josés y Danieles" que entenderán el lenguaje del Espíritu Santo, incluyendo el recibir e interpretar los sueños.

Librado por medio de un sueño

Mientras enseñaba un seminario sobre cómo oír la voz de Dios, hablé en una sección sobre los sueños. La mayoría de los sueños necesitan ser interpretados, pero a veces un mensaje dado por un personaje en un sueño puede ser literal. Poco después de salir de ese pueblo, una mujer que había asistido al seminario tuvo un sueño en el cual su pastor le dio una escritura. Cuando despertó, abrió su Biblia y buscó el versículo. La escritura se refería a tener hijos.

¿Cómo podía ser eso? Su doctor le había dicho que no podía tener más niños.

Ese mismo día, los doctores diagnosticaron a su hija parásitos en su tracto digestivo. Esta enfermedad contagiosa muchas veces se transmite a los otros miembros de la familia. El doctor le dio una medicina a toda la familia para erradicar los parásitos de sus cuerpos. Cuando la mujer iba a tomar la medicina, vio un aviso en el frasco: *Aviso. No la tome si está embarazada. Esta medicina puede causar la muerte o aborto del feto. Si cree que está embarazada, consulte a su doctor.*

La mujer no tenía ninguna razón para sospechar un embarazo. Es más, los doctores le habían asegurado que no podría quedar embarazada, pero ella recordó su sueño. Para estar segura, no se tomó la medicina y se hizo una prueba de embarazo. ¡Para su sorpresa, ¡el resultado fue positivo! La siguiente vez que viajé por aquella zona, ella me enseñó su niño milagro. ¡Jesús no fue el único bebé cuya vida fue salvada por un sueño!

Dar el golpe ganador

Un pastor joven acudió a mí en busca de ayuda. Él había oído que Dios usualmente me daba la interpretación de sueños. Este hombre y su familia habían experimentado tiempos difíciles mientras buscaban la dirección de Dios durante un período de transición.

El pastor había soñado que él estaba boxeando con un hombre. Después de haber peleado con su oponente durante varios asaltos, sacó el puño y le dio el golpe final, terminando la pelea. Mientras él me relataba el sueño, yo le hacía preguntas sobre diferentes partes.

"¿Conocía al hombre con quien peleaba?", le pregunté. "¿Quién era?".

"Bueno, él era un hombre a quien yo conocía hace mucho tiempo", dijo él. "No le he visto en muchos años".

"¿Quién era el hombre?". Yo seguí insistiendo para obtener una respuesta más específica. "¿Cuál era su relación con usted en el pasado?".

"Para decirle la verdad, este hombre solía comprar cerveza para mis amigos y yo cuando estábamos en la secundaria. En ese tiempo yo no servía al Señor, y éramos muy jóvenes para comprar cerveza. Este hombre la compraba por nosotros".

"¿Ha estado batallando con el alcohol?", le pregunté. De repente, él comenzó a llorar.

"Nunca pensé que eso me pudiera suceder a mí, pero sucedió. Cuando todo estaba en el peor momento, un amigo y yo tomamos cerveza, y ahora no puedo dejar de hacerlo. ¡Estoy asustado!", me confió.

"Hermano", le dije yo, "siga peleando. ¡Va a conquistar ese pecado y recibir la victoria!".

"¿Verdaderamente lo cree?", me preguntó él.

"Sí, estoy seguro". Mientras le decía eso, su expresión cambió al recibir esperanza en su espíritu. Oré por él, y se despidió con una nueva fe y determinación para ganar su batalla contra el alcohol. Y eso fue lo que hizo. ¡Él ha vuelto nuevamente al ministerio por muchos años sin que el problema haya regresado!

Estos ejemplos de personas que reciben ayuda a través de los sueños solamente son dos de los cientos de testimonios que yo conozco personalmente. Los sueños pueden ser un canal poderoso por el cual Dios da guianza, esperanza y la victoria a su pueblo.

¿Y qué del ocultismo?

A medida que exploraba el mundo de los sueños, encontré una sección de terreno que contenía unos habitantes de un aspecto muy extraño. Estas criaturas eran pobres, enfermas, y se veían miserables.

"¿Quiénes son estas personas?", le pregunté al Señor.

"Son miembros del ocultismo. Ellos piensan que ese terreno les pertenece, ¡pero están equivocados! Por esa razón no están prosperando aquí".

No permitamos que los ocultistas pongan su valla alrededor del territorio que Dios nos ha dado, engañándonos con sus señales que dicen "Prohibido pisar". Nosotros somos los dueños legítimos de ese territorio desde un principio.

Hoy día, la gente consulta a astrólogos y adivinos para entender sus sueños. Esto no es nada nuevo. El rey Nabucodonosor estaba turbado por sueños que no entendía, y fue en busca de los astrólogos. Pero el rey desafió a todos los magos de su corte con una petición más difícil.

> *Y el rey les dijo: He tenido un sueño, y mi espíritu se ha turbado por saber el sueño. Entonces hablaron los caldeos al rey en lengua aramea: Rey, para siempre vive; di el sueño a tus siervos, y te mostraremos la interpretación. Respondió el rey y dijo a los caldeos: El asunto lo olvidé; si no me mostráis el sueño y su interpretación, seréis hechos pedazos, y vuestras casas serán convertidas en muladares. Y si me mostrareis el sueño y su interpretación, recibiréis de mí dones y favores y gran honra. Decidme, pues, el sueño y su interpretación.*
>
> (Daniel 2:3-6)

Nabucodonosor descubrió que sus magos, astrólogos y encantadores no pudieron revelarle el sueño y su interpretación cuando fueron desafiados, aun cuando sus vidas dependían de ello. Cuando Daniel buscó al Señor, el secreto le fue revelado en una visión nocturna. (Véase Daniel 2:4-19).

Hoy día, la gente repite el error de Nabucodonosor al ir a consultar a sicólogos o a quienes ahondan en el ocultismo para entender sus sueños. Pero los ocultistas no pudieron producir resultados en tiempos de Nabucodonosor, y no podrán hacerlo en nuestro tiempo tampoco. Para el propósito de este estudio bíblico, vamos a olvidarnos de términos modernos como "sicología" y "la mente subconsciente", y vamos a estudiar este tema de los sueños como una vía sencilla, bíblica y práctica que Dios usa para darle dirección y guianza en su vida diaria.

Mientras exploraba las vastas regiones de este nuevo territorio, ocasionalmente me encontré con personas confundidas que siempre parecían estar en parejas o en grupos pequeños.

"¿Quiénes son ellos?", le pregunté al Señor.

"Esos son los excéntricos y chiflados", me dijo Dios. "Han caído en el error porque se dejaron guiar por algún sueño que no entendían. Han caído en un caos porque ignoraron el sentido común y los avisos bíblicos. Ellos le están dando una mala reputación a este lugar".

No podemos permitir que los excéntricos y chiflados nos amedrenten y nos hagan salir de nuestro terreno dado por Dios. Yo incluso conozco a algunos de esos excéntricos que han caído en el error al malinterpretar versículos de la Biblia. ¿Voy a dejar que eso me detenga de leer la Biblia? ¡No! Por el contrario, eso debería hacer que estudie la Biblia aún más para afirmarme en su verdad.

Debemos madurar y lanzarnos a las cosas del Espíritu que nos son dadas gratuitamente por Dios. Usted puede desarrollar su habilidad para oír de parte de Dios con seguridad y sin desviarse a extremos. Eso es exactamente lo que le mostraré en este libro.

Pídale a Dios que se lo confirme

No permita que prejuicios, ideas preconcebidas, o puntos de vista que no son bíblicos hagan que usted limite a Dios a medida que Él se revela a sí mismo en sueños en estos últimos tiempos. Considere lo que le estoy enseñando y pídale a Dios que se lo confirme. ¡Yo sé que Él lo hará!

Mientras enseñaba un seminario en una iglesia en el norte del estado de Alabama, mencioné los sueños. Dios usualmente despierta a la persona al final de un sueño para que pueda sacar el sueño de su memoria mientras está fresco. El pastor de la iglesia decidió poner a prueba mi enseñanza, así que oró antes de acostarse esa noche. Él había estado turbado por una situación y quería la guianza de Dios. Quizá Dios le visitara durante la noche y le diera la solución que él había estado buscando.

Efectivamente, se despertó de su sueño en la madrugada. Siguiendo mis instrucciones, enseguida buscó en su memoria. Un sueño, que quizá de otro modo hubiera quedado perdido, vino a su mente. Mientras lo repasaba, ¡el sueño le dio la respuesta que buscaba! Sin embargo, le pidió a Dios que se lo confirmara en las Escrituras. Él bajó a la sala, buscó su Biblia, y la abrió. Dios le habló a través de las Escrituras esa mañana y le confirmó la respuesta.

Sí, Dios puede confirmarnos cosas de tal forma que sepamos que estamos oyendo de parte de Él. Si usted ha seguido al Señor durante cualquier período de tiempo, sabe que eso es verdad. Cuando Dios nos habla por medio de áreas poco familiares como los sueños, Él espera que busquemos sus confirmaciones. Dios le dará pruebas convincentes de que le está hablando mientras duerme.

Vamos a continuar nuestro viaje exploratorio para aprender más acerca de escuchar a Dios a través de los sueños.

Vamos a proceder lentamente, cuidadosamente y seguros.

Tengamos cuidado.

No debemos apresurarnos.

No hay necesidad de formular conclusiones hasta que hayamos explorado más terreno, ¿verdad?

¿Exploraremos este mundo un poco más? Quiero comenzar hablándole acerca de varios de mis primeros viajes que hice a este mundo cuando era un nuevo cristiano.

Venga conmigo.

2

UNA VALIOSA FUENTE DE DIRECCIÓN

Poco después de convertirme en cristiano, formé un trío musical. Viajábamos y cantábamos en iglesias que estaban a cuatro o cinco horas de nuestra ciudad. Necesitábamos desesperadamente un vehículo para viajar y cargar nuestro equipo de sonido. Una serie de eventos nos dio la esperanza de conseguir el vehículo, y me enseñó verdades muy valiosas sobre la interpretación de sueños. Así fue como sucedió.

Un sábado por la mañana, cantamos en la reunión mensual de Houston Full Gospel Businessmen (Asociación de hombres de negocios del evangelio completo de Houston). Después de la reunión, mientras yo cargaba el equipo de sonido, noté que las dos mujeres que estaban en el trío conmigo estaban orando con una evangelista muy conocida. Unos momentos después, corrieron a mí muy entusiasmadas.

"¿Sabes qué?", me preguntaron. "Le pedimos que orara con nosotros por el vehículo que necesitamos. Ella oró: 'Señor, dale un vehículo a este grupo, dáselo antes del 1 de junio, y permite que ya esté pagado'".

¡Magnífico! Su oración específica nos regocijó. Esa petición desató una cadena de acontecimientos sorprendentes. Solamente dos semanas después, estábamos ministrando en una iglesia. Después de la reunión, un grupo de nosotros estábamos orando y esperando delante del Señor. El ministro invitado para esa tarde habló de repente.

"El Señor acaba de darme una visión", dijo. "Vi una camioneta blanca para este grupo musical, y estaba pagada. ¡Pienso que Dios les va a dar una camioneta para viajar!". Si estábamos entusiasmados antes, ¡cuánto más ahora! Ambos incidentes predijeron que la camioneta estaba pagada. ¡Aleluya!

La próxima clave me dio más curiosidad todavía. Algunos días después, fui a hacer una diligencia para mi esposa. Ella necesitaba algo del mercado. Después de hacer la compra, caminé hacia mi automóvil, y mientras iba, sentí una familiar inquietud en mi espíritu que me hizo detenerme. "Ve al área principal del centro", el Espíritu Santo me indicó. Anteriormente como joven cristiano, al obedecer esas inquietudes había recibido a menudo dirección de Dios. Di la vuelta, y caminé a la entrada principal. Tan pronto como entré, miré alrededor tratando de entender por qué Dios me había enviado allí.

Entonces las vi: ¡camionetas! ¡Por todas partes! Ese día en particular era el día de exhibir las camionetas. Modernas camionetas llenaban los pasillos. ¡Qué interesante! Miré y miré. Seguramente Dios tenía una camioneta para nuestro grupo en algún lugar. Mientras admiraba los diferentes modelos, podía imaginarme al trío viajando juntos en una camioneta.

Mi emoción y anticipación aumentaban cada día. El 1 de junio se estaba acercando cada vez más. Entonces vinieron los sueños.

En el primer sueño yo estaba conduciendo mi auto. Me salí de la carretera, me bajé del auto y caminé hacia un motel cercano. Noté que el paisaje junto a la carretera aparecía en secciones. La primera sección era un campo abierto; la próxima eran árboles. Entonces vi una laguna. La última sección era una verja y un poco de cielo azul.

Según me acercaba al motel, noté que el auto de mi banquero estaba en el estacionamiento. Convencido de que era su auto, me acerqué a la mesa de registración en el vestíbulo y pregunté por él.

"Lo siento, señor, pero no hay nadie aquí con ese nombre", me dijo la recepcionista disculpándose.

"Pero estoy seguro de que ese es su auto", le dije.

"Lo siento, señor, pero no tengo a nadie con ese nombre en mi registro".

Me fui confundido. Estaba *seguro* de que ese era su auto. Justamente entonces, otro empleado de mi banco pasó por mi lado. "¡Dave!", lo llamé. Puse mi mano en su hombro. Se giró para mirarme, ¡pero no era Dave! Dos veces pensé que había gente de mi banco en este motel, pero no estaban. Mientras regresaba a mi auto, noté el paisaje en secciones. Vi la verja, el cielo azul y el campo abierto. ¡Pero un momento! Un pedazo del paisaje —la laguna— no estaba. ¿Qué le había sucedido?

Entonces desperté.

No hace falta decir que no entendí el sueño. Simplemente lo escribí en el cuaderno que mantengo al lado de mi cama y lo feché. Quizá lo entendería más adelante.

Unas noches después tuve otro sueño. En este sueño, estaba buscando una camioneta en un estacionamiento de autos usados. El vendedor tenía una —de color blanco— que se veía bien. Abrí la puerta y miré el millaje. Todos los dígitos estaban alineados perfectamente. Sin embargo, en el sueño, sentí que no debía comprar esa camioneta. De nuevo, desperté, escribí el sueño, y me quedé pensando en su significado.

"¡Esta tiene que ser la camioneta!"

Mientras sucedían estos acontecimientos, el 1 de junio se aproximaba rápidamente. ¡Si Dios nos iba a proveer una camioneta, lo tendría que hacer muy pronto! Seguro, yo tenía el conocimiento de que "*la fe, si no tiene obras, es muerta*" (Santiago 2:17).

Con solamente una semana antes de que llegase el 1 de junio, me desperté temprano un sábado en la mañana para ir en busca de una camioneta. Después de haber orado, sentí el impulso de conducir hacia la calle Once. Conduje una distancia corta, y me detuve en la luz roja. Mientras esperaba el cambio del semáforo, ¡observé una camioneta blanca con un rótulo anunciando "Se vende" en la ventanilla! El dueño la había estacionado delante de un lugar de negocio cristiano muy conocido. ¡Vaya! ¡Entonces sí que me emocioné!

Me dirigí hacia el estacionamiento del negocio, salí del auto y caminé hacia la camioneta. Mientras me acercaba, noté un dibujo de un pez pintado en uno de los lados. Debajo del emblema cristiano, la frase "La vía de gloria" estaba escrita en unas letras grandes y bellas. ¡Se veía muy bonito!

Al mirar por la ventanilla, me fijé que había un casete de música cristiana. ¡Esa tenía que ser la camioneta que todas las piezas del rompecabezas me revelaban! ¡La hallé tan sólo una semana antes del 1 de junio. Entré, busqué al dueño —alguien a quien yo conocía— y pregunté acerca de la camioneta.

"Hemos estado tratando de venderla por varios meses. Mire, es la cosa más extraña. Nadie parece tener interés", me informó él. "Yo nunca la había conducido hasta el trabajo antes; pero por alguna razón, esta mañana decidí conducir la camioneta en vez de mi auto. Al llegar aquí, la iba a estacionar atrás, pero en el último momento decidí dejarla al frente. Entonces tú llegaste unos cinco minutos después".

¡Caramba! Todas las piezas cayeron en su lugar. Esta tenía que ser la camioneta que Dios había escogido para mí. Entonces él añadió algo que me lo confirmó. Dijo: "Mira, esa camioneta pertenecía a un evangelista. Nosotros la compramos para llevar a los niños del vecindario a la escuela dominical. Hemos estado orando para que Dios de alguna manera la conserve en su servicio".

¡Ahora sí que estaba convencido! "Hermano", le dije, "estoy seguro de que esta es la camioneta que Dios tiene para mí".

"¿Por qué no se la lleva a su casa y deja que su esposa la vea mientras hablo con mi esposa sobre el precio?".

"¡Magnífico!", le respondí.

Puse en marcha la camioneta, puse música y la conduje hasta mi casa. ¡Era perfecta! ¡A mi esposa y a mis hijos les encantó! Entonces, de regreso al negocio del hombre decidí hacer una parada en mi iglesia. Después de localizar a uno de los ancianos, le expliqué la serie de eventos sorprendentes que me condujeron a esa camioneta. Él y yo impusimos manos sobre la camioneta y la reclamamos para el ministerio.

Cuando devolví la camioneta, le dije: "Hermano, creo que Dios quiere que yo tenga esta camioneta. ¿Cuál es el precio?".

"Estábamos pidiendo 4.000 dólares", me respondió, "pero como es para la obra del Señor, hemos decidido pedir 3.000 dólares. Eso es lo que todavía tenemos que pagar por ella".

Mi mente comenzó a correr. Solamente quedaba una semana para el 1 de junio. "Quisiera que me hiciera un favor", le dije. "¿Me la puede reservar por una semana? Creo que puedo tener el dinero para entonces".

"No hay problema. No hemos tenido ofertas para la camioneta en cuatro meses. No creo que haya problema en esperar otra semana".

¡Sentí que el entusiasmo corría por mis venas! ¡Qué testimonio sería este! Dios tenía una semana para obrar un milagro. Ni siquiera consideré financiar la camioneta por las palabras que indicaban que estaría completamente pagada. Esperé confiadamente a que el dinero llegara.

¿Cómo llegaría el dinero? A lo mejor llegaría en el correo. Tal vez Dios inquietaría al negociante cristiano para que nos regalara la camioneta. Cualquier forma en que Dios decidiera proveer, sería maravillosa.

Mi fe sufre un revés

La semana siguiente llamé al vendedor diariamente para ver si había algún cambio. Cada vez le preguntaba: "¿Algo nuevo sobre la camioneta, hermano? Dios no ha enviado el dinero aún, pero todavía creo que lo va a enviar".

El miércoles, sólo tres días antes del 1 de junio, llamé de nuevo.

"¿Algo nuevo?", le pregunté.

"Hermano, tengo malas noticias".

"¿Qué ha pasado?".

"Vendimos la camioneta".

"¿Que *qué*?".

"La vendimos", me repitió.

"Pero no entiendo. Usted dijo que me la iba a reservar". Me quedé atónito. *Sabía* que Dios me había hablado. Todo estaba en su lugar. ¿Cómo era posible?

"Alguien nos ofreció 4.000 dólares por la camioneta. Oramos y sentimos que verdaderamente debíamos venderla".

¡No lo podía creer!

"El trato no se va a cerrar", le dije.

"No lo creo", me dijo él. "Esta gente verdaderamente la quiere".

"Bueno, llamaré mañana de nuevo".

Después de colgar el teléfono, me preocupé más. ¿Qué estaba pasando? La desilusión había penetrado en mi fe. Estaba seguro de que Dios obraría de alguna forma. Sabiendo que tenía que ser fuerte, decidí que mi fe no iba a flaquear.

Volví a llamar al día siguiente. "¿Qué pasó? ¿Cambiaron de idea las personas?".

"No, hermano. Vinieron, firmamos los papeles, y se fueron en la camioneta".

"El cheque será devuelto", le dije.

"Pagaron la camioneta con un cheque al portador".

"Van a cambiar de idea".

"No lo creo. Parecían estar muy contentos con la camioneta".

"Bueno, por favor, déjeme saber si algo sucede", le dije, terminando nuestra conversación.

¡Mi cabeza me daba vueltas! ¿Cómo podía ser? ¡Estaba muy seguro de que Dios me había hablado! Salí del trabajo temprano y me fui a casa muy desanimado.

Cuando llegué a casa, comprendí lo serio de la situación. El no conseguir la camioneta había dañado mi fe. Clamé a Dios desde lo profundo de mi alma. ¡Él me había herido! ¡Había confiado en Él, y Él me había fallado!

"Dios, me preparaste una trampa. Todo parecía concordar. ¿Por qué dejaste que esto sucediera?". Entonces le dije al Señor lo que verdaderamente estaba en mi corazón. "Te serviré, pero no puedo garantizarte que confiaré en ti de nuevo".

Malentendiendo a Dios

¿Qué iba a hacer yo ahora? Decidí conducir a la librería cristiana. Tal vez encontraría un libro que me ayudara. Cuando entré en la tienda, miré a los cientos de libros alineados en los estantes. Mientras caminaba por uno de los pasillos, comencé a orar. Como no sabía cuál libro adquirir, traté de ser sensible a la dirección del Espíritu Santo. Me sentí dirigido a escoger cierto libro. Pensando que me ayudaría, decidí comprarlo. Entonces observé un libro que ya había leído, y recordé que realmente había aumentado mi fe. Tal vez debería comprarlo también. Como necesitaba toda la motivación posible, compré ambos libros.

Cuando llegué a casa, rápidamente me acomodé en mi silla favorita y comencé a leer el primer libro. Mientras más leía, más me daba cuenta de que no se relacionaba en nada con mi problema. Frustrado, lo dejé. Tomé el libro que compré en el último momento.

¡Entonces sucedió! Inmediatamente abrí el libro para leer la descripción que hacía el autor de una vez en que él malentendió a Dios. Él *pensó* que todo estaba en regla, pero estaba equivocado. Yo había abierto el libro al azar y comencé a leer ahí mismo. ¿Cómo es que Dios hace eso? Me sucede frecuentemente, ¡y nunca deja de sorprenderme!

Mientras leía el relato del autor sobre cómo él pensó que todo estaba en regla, pensé: "¿Me puede haber pasado eso a mí?". Consideré todas las indicaciones de la dirección de Dios, y cómo todo parecía encajar perfectamente.

¡Entonces recordé los sueños! Corrí al dormitorio para buscar mi cuaderno. Busqué en mis sueños recientes que había escrito buscando uno que encajara. Encontré mi primer sueño relacionado con la camioneta. Según lo leía, mi corazón empezó a saltar. ¡Encajaba! Yo pensé que mi banquero estaba allí, ¡pero no estaba! Cuando salí del hotel, noté que faltaba un pedazo del paisaje. Mi mente comenzó a acelerarse. El banquero significaba las finanzas. ¡Faltaban las finanzas! Con razón el dinero no había llegado. ¡Dios me había avisado a través del sueño!

Entonces encontré mi segundo sueño. Estaba mirando una camioneta blanca de segunda mano. Aunque todos los dígitos del millaje estaban alineados, yo no debía comprar la camioneta. También encajó perfectamente. Todas la piezas *parecían* alineadas, pero yo no debía comprar la camioneta. ¡Dios no me había desviado, después de todo! De hecho, *los sueños fueron los factores de seguridad que Dios me dio para que no me desviara.*

¿Ve la importancia de oír a Dios en los sueños? Un sueño puede ser el medio por el cual Dios le puede hablar para mantenerle en la dirección correcta, aún cuando usted pueda estar malinterpretándole en otras formas. El escuchar a Dios en diferentes formas provee una red de seguridad para los creyentes.

Un hombre me dijo una vez: "El dejarse llevar por los sueños le puede desviar". Quiero decirle algo: ¡esa moneda tiene otra cara! Los sueños son precisamente el método que Dios usa a menudo para mantenernos *en* la vía correcta.

Regateando por una camioneta

Sólo unas semanas después (el 1 de junio ya había pasado), mi esposa, Sandy, encontró un anuncio clasificado de una camioneta de segunda mano que se veía interesante. Me llamó al trabajo y me sugirió que la viera.

"Buena idea", le dije. "Pasaré a verla después del almuerzo". Llamé al número del anuncio y pregunté la dirección. La casa estaba fuera de los límites de la ciudad y las indicaciones eran un tanto complejas, así que las escribí cuidadosamente. Fui a casa para el almuerzo y después salí a ver la camioneta. De repente, me di cuenta de que había dejado las indicaciones en mi escritorio. "Bueno", dije, "trataré de recordarlas. Si Dios está en esto, probablemente encontraré la casa de todas formas". Para mi sorpresa, recordé las indicaciones y conduje directamente hasta la casa en el campo.

La camioneta estaba al frente de la casa. Era blanca y se veía bien. La señora dijo que estaban pidiendo 2.900 dólares por la camioneta. "Por favor, dígale a su esposo que me llame esta tarde cuando salga del trabajo. Estoy interesado en la camioneta". Ella escribió mi número y me dijo que él me llamaría.

De regreso a la oficina, repasé todos los eventos relacionados con camionetas que habían ocurrido en los meses pasados. Súbitamente, mis pensamientos fueron interrumpidos por algunas palabras. Las palabras vinieron en forma de un pensamiento —no una voz audible—, pero no salieron de mi mente. Mi mente en realidad estaba pensando en otra cosa cuando las palabras procedieron de mi espíritu. Las palabras eran simplemente: "Dos mil seiscientos".

Mientras analizaba eso, me di cuenta de que el Señor aparentemente quería que yo pagara no más de 2.600 dólares por la camioneta. Lo encontré un poco extraño, porque yo pensaba que 2.900 dólares era un precio justo. De todas maneras, decidí ofrecer 2.600 dólares.

Esa tarde, el dueño de la camioneta llamó alrededor de las seis. Después de hablarme de su vehículo brevemente, le pregunté si consideraría cobrar menos de 2.900 dólares.

"No", me respondió, "creemos que estamos pidiendo el precio justo de 2.900 dólares".

"¿Por qué no lo habla con su esposa y vuelve a llamarme?", le sugerí. "Estoy dispuesto a ofrecer 2.600 dólares; no más".

"Hablaré con ella", me dijo, "pero estoy seguro de que no vamos a bajar el precio".

Treinta minutos más tarde sonó el teléfono. "Sr. Thomas, discutimos el precio de la camioneta. Como le dije, pensamos que nuestro precio es justo. Mi esposa está de acuerdo que no deberíamos reducir el precio". Entonces el hombre tomó cinco minutos explicándome por qué la camioneta valía 2.900 dólares. Al terminar su convincente argumento, me sorprendió completamente cuando dijo: "Pero estoy inclinado a vendérsela por 2.600 dólares".

Convencido de que ese era el vehículo que Dios deseaba que tuviéramos, la compré. Nuestra agrupación musical finalmente tenía un vehículo espacioso para viajar. ¿Cómo la pagamos? Tomé un préstamo renovable por noventa días del banco, que pagamos durante los siguientes dieciocho meses. Dios suplió el dinero fielmente durante ese período de tiempo.

Esta historia tiene una continuación muy interesante que demuestra la sabiduría de Dios. Poco después de comprar la camioneta, noté un desbalance en las llantas. "Los frenos están completamente gastados", me dijo el mecánico. "Parece que alguien las aflojó intencionalmente para tapar el ruido que se oiría cuando los frenos se rozan. Es peligroso conducir así".

¿Cuánto costó reparar los frenos? Exactamente 300 dólares: la diferencia entre 2.900 dólares y 2.600 dólares. ¿Estaba Dios con nosotros o no? Fue mediante aquella serie de acontecimientos como conseguimos nuestra camioneta. Y durante ese proceso aprendí mucho sobre la naturaleza de Dios y cómo oírle.

¿Está buscando a Dios?

¿Por qué Dios habla en una variedad de formas, y por qué escogió los sueños como una de ellas? Unas de las razones implica la naturaleza de Dios. La Escritura dice: *"Porque es necesario que el que se acerca a Dios crea que le hay, y que es galardonador de los que le buscan"* (Hebreos 11:6).

Dios se agrada de quienes le buscan. Él nos exhorta a que le busquemos a Él y sus caminos. Jesús dijo a sus discípulos: *"Pedid, y se os dará; buscad, y hallaréis; llamad, y se os abrirá"* (Mateo 7:7). Otro versículo enfatiza este punto. Salomón escribió: *"Gloria de Dios es encubrir un asunto; pero honra del rey es **escudriñarlo"*** (Proverbios 25:2). Dios encubre sus verdades y le gusta que las busquemos.

Como Dios habla en diferentes formas —y nosotros no sabemos en qué forma se comunicará la próxima vez—, debemos observar, escuchar y buscarle en todas las formas en que Él habla. Cuando yo tengo esta actitud, me mantengo siempre cerca de Dios.

Dios quiere que estemos alerta a todas las formas en que Él se comunica. Búsquelo en las Escrituras en la mañana. Búsquelo en las circunstancias que afronta a lo largo del día. Escúchelo durante su tiempo de oración. Aún puede aprender a buscarlo durante la noche. Si hace esto, usted le estará agradando. También estará escuchándole, no importa cómo Él decida hablarle.

Cuando mis dos hijas estaban creciendo, visitábamos a sus abuelos frecuentemente en su casa de campo cerca del río Sabine. La abuela a veces compraba un juguete para las niñas y lo escondía. Entonces escribía claves en algunos pedazos de papel. Cada clave las llevaba a la próxima, hasta que, finalmente, las niñas encontraban el premio. Cuando llegábamos a la casa, la abuela nos saludaba y decía: "Niñas, vayan a mirar debajo del columpio". Las niñas se reían y corrían al columpio. Allí buscaban hasta que encontraban el primer pedazo de papel. Entonces, lo desenvolvían y leían la próxima instrucción. Finalmente, después de encontrar y leer cada instrucción, encontraban el premio.

Un buen detective analiza las instrucciones constantemente tratando de hacerlas encajar. Su propósito es resolver el misterio. Pero él debe usar todos los hechos disponibles para llegar a la conclusión exacta.

El seguir a Dios es lo mismo. Muchas veces Él habla en pedazos, y cada pedazo encaja para transmitir su mensaje completo. Los sueños complementan las otras formas en que Dios habla. Sus sueños pueden ser la llave para recibir alguna guianza importante. A medida que aprende a oír de parte de Dios en sueños, añada esa información a las otras claves que Dios le dé. El mensaje de Dios se hará cada vez más claro para usted.

Sobrepasando las mentes

Los sueños pueden ser una valiosa fuente de guianza. Puede que las personas que no están acostumbradas a oír de parte de Dios en los sueños no se den cuenta de esto. Ocasionalmente, alguien me pregunta: "Ya oigo a Dios en otras formas. ¿Por qué necesito escucharle en sueños?".

Cuando usted sueña, su mente consciente está dormida. Durante la noche, Dios puede sobrepasar su lógica, sus ideas preconcebidas y otros obstáculos de su mente consciente. Dios puede usar los sueños para comunicarse con usted cuando otros caminos pueden fallar. ¿Ha tratado Dios alguna vez de mostrarle algo pero usted no estaba escuchando? ¿Ha malentendido usted alguna vez cómo Dios usa las circunstancias, las Escrituras o las inquietudes del Espíritu Santo? Por eso usted necesita estar preparado para escuchar a Dios en los sueños.

Otra razón importante para oír a Dios en diferentes formas —incluyendo los sueños— es la seguridad. Cuando usted oye a Dios en diferentes formas, es más apto para mantenerse en la dirección correcta. ¿Qué pensaríamos de alguien que solamente leyera su Biblia para obtener dirección y nunca orase? En la misma forma, si quienes oran pidiendo dirección nunca leen las Escrituras, pueden caer en el error fácilmente.

Salomón dijo sabiamente: *"En la multitud de consejeros hay seguridad"* (Proverbios 11:14). El apóstol Pablo repitió esa verdad en una de sus Epístolas. *"Por boca de dos o tres testigos se decidirá todo asunto"* (2 Corintios 13:1). Si usted está malinterpretando la dirección de Dios y no se da cuenta, Dios puede usar un sueño para hablarle.

Se me ocurren muchos ejemplos de esto. Una vez ministré en una iglesia rural. La esposa del ministro de la música había desarrollado una actitud crítica hacia el pastor. Hasta hablaba de él en una forma despectiva a los demás. Pensando que sus acusaciones eran justificadas, creía que no necesitaba cambiar. La misma noche en que hablé de los sueños, Dios le habló claramente mientras dormía. La interpretación del sueño era obvia, y Dios le expuso la rebelión de su corazón. El próximo día, ansiosamente me dijo lo que Dios le había mostrado. Si alguien hubiera tratado de corregirla, ella podría no haberlo recibido. Sin embargo, el sueño penetró en su engaño y ella se arrepintió de su actitud crítica rápidamente.

Una vez, una mujer deficiente mental asistió al servicio de una iglesia donde yo estaba enseñando sobre los sueños. Usted pensará que una persona deficiente mental no debiera involucrarse en algo tan complejo como recibir guianza en un sueño. En realidad, resultó todo lo contrario. Ella experimentó un sueño muy claro que reveló su necesidad de perdonar a su ex esposo, quien la había dejado por otra mujer. Ella prontamente lo perdonó y se libró de la fuerza destructiva de la falta de perdón. El sueño había penetrado a través de los asuntos menos importantes y le mostró lo que realmente había en su corazón.

Años atrás, cuando empezaba en el ministerio a tiempo completo, el Señor me dijo que renunciara a mi trabajo secular. ¡Es necesario conocer la voluntad de Dios cuando se trata de una decisión tan importante como esa! Renuncié, pero mi jefe, que era un hombre muy persuasivo, me convenció para que aceptara más flexibilidad con mis horas de trabajo. Su plan alternativo me pareció una idea muy buena.

Sin embargo, esa noche tuve un sueño. Mientras conducía por la autopista, me pasé de mi salida. Más adelante, vi un lugar en la carretera donde podía virar. Cuando desperté, no necesité orar mucho para entender lo que Dios me estaba diciendo. A la mañana siguiente, educadamente decliné la oferta de mi jefe para quedarme. El sueño me confirmó que yo debía renunciar.

Una señora vino a pedirme ayuda. Estaba desesperada por salvar su inestable matrimonio y había buscado consejería cristiana. Sin embargo, después de escuchar su historia, hasta un consejero cristiano le dijo que su matrimonio probablemente nunca se restablecería. Estaba confundida. Muchas de sus amistades le desalentaban de incluso intentar salvar la relación. Preocupada de que todo terminaría en un divorcio, me pidió mi opinión. Incluso si yo le decía que su matrimonio podía funcionar, ¿cómo podría ella saber si yo tenía razón? Las opiniones encontradas le estaban volviendo loca. Mientras buscaba en la Palabra de Dios para darle un consejo, su situación parecía muy confusa.

Oré con ella, y le pedí a Dios que le hablara por medio de un sueño. Entonces, ella sabría que Dios le había hablado. Esa noche, soñó que ella y su esposo estaban construyendo una hermosa casa de piedra. Trabajaron juntos construyéndola piedra por piedra. Cuando me llamó al siguiente día, su voz vibraba de entusiasmo. Ahora ella sabía que su matrimonio podía funcionar. Eso es exactamente lo que ha estado sucediendo desde que ella tuvo el sueño. Ella y su esposo están trabajando unidos para tener un buen matrimonio. Su relación ha mejorado, y ellos saben que seguirá mejorando porque Dios le habló: ¡en un sueño!

Al leer estos relatos de sueños que han ayudado a otros, ¿puede pensar en algún área en su propia vida donde está malinterpretando a Dios? ¿Necesita dirección para una situación, circunstancia, o decisión particular? Dios puede usar un sueño para mostrarle esa área. Los sueños ciertamente pueden mejorar su habilidad para oír de parte de Dios.

Dios le puede dar dirección, aviso, y ayuda para resolver problemas durante la noche. Los sueños le pueden dar dirección inicial y también avanzada. También pueden confirmarle que usted va bien. Pueden ayudarle a volver al camino si usted se aparta de la voluntad de Dios. Usted puede hacer de la noche un "tiempo para oír a Dios"; puede aprender a escuchar de parte de Dios en los sueños.

Los mismos medios de comunicación que Dios usó para ayudar a Abimelec, Jacob, José, el copero, Gedeón, Nabucodonosor, Daniel, Faraón, Salomón, Natán, Zacarías, los magos del oriente, José (esposo de María) y otros, le pueden ayudar a usted hoy.

Iglesia de Jesucristo en estos últimos tiempos, los sueños pueden ser un valioso añadido a su repertorio de formas en que Dios se comunica con usted. Venga conmigo y exploremos esta forma maravillosa de escuchar de parte de Dios en la noche.

3

EQUIPADOS PARA UN VIAJE SEGURO

Una tarde, fui a dar un vigoroso paseo durante un receso en mi seminario sobre cómo oír la voz de Dios. Mientras caminaba por un área residencial cerca de la iglesia, una inquietud conocida en mi espíritu me dijo: "Gira y camina por esa carretera". Siempre que me ocurren estos incidentes, levanto mi antena espiritual y espero que Dios me hable. Mi sensibilidad espiritual aumentó mientras obedecía el mandato de cambiar de dirección.

Vi a un niñito de unos cinco o seis años jugando al fútbol americano con algunos niños mayores que él en un patio. Al tratar de tumbar al que llevaba la pelota, los demás chocaron con él. La colisión lo dejó sin aire momentáneamente, pero entonces recobró el aliento y comenzó a llorar. Los otros corrieron a donde él estaba tirado en la grama. Lo levantaron, le sacudieron el polvo, y se aseguraron de que no estuviera herido. En breves momentos, estaba de nuevo en el juego.

A poca distancia, observé a una niñita que se había caído de su bicicleta al asfalto. Las piedritas se le incrustaron en la rodilla y en la mano que usó para aliviar su caída. Una amiguita la sacudió las piedritas y le dio un abrazo. En breves momentos continuó pedaleando en su bicicleta por la acera.

Eso me recordó la vez cuando mis hijas estaban aprendiendo a montar en bicicleta. Cuando perdían el balance, se caían y se arañaban las rodillas, a mi esposa y a mí nos dolía casi tanto como a ellas. Después de su primer mal incidente, estuve tentado a protegerlas de todas las experiencias dolorosas. Sin embargo, yo sabía que tenían que crecer, aprender y desarrollarse aunque eso trajera consigo algunos golpecitos.

Al meditar sobre estos incidentes, el Señor me enseñó cuán fácilmente podemos proteger a un recién convertido de las experiencias dolorosas. Podemos protegerlos desanimándolos de tomar riesgos. Después de ver que algunos resultan heridos por discernir incorrectamente la voz de Dios, tendemos a desanimar a otros para que no se muevan en esta área específica, pero eso no es el plan de Dios. Jesús dijo: *"Mis ovejas oyen mi voz, y yo las conozco, y me siguen"* (Juan 10:27). Dios quiere darnos dirección específica y a tiempo para nuestras vidas.

Entonces, ¿cuál es la respuesta a este problema? ¿Ignoraremos el crecimiento de los nuevos convertidos en las cosas del Espíritu para evitarles el dolor de pasar por experiencias negativas? No, claro que no. Tenemos que enseñarles verdades espirituales de tal forma que ellos puedan desarrollarse sin caer en el error o sin ser heridos por las malas experiencias. ¡Eso es posible!

Si yo subiera una cuesta empinada antes de que usted recorriese el mismo camino, le podría avisar sobre todos los lugares peligrosos que hay en el camino. Usted podría evitar un viraje repentino o un hoyo donde podría caerse. Mi experiencia previa le podría ayudar mucho. Por eso este capítulo es muy importante.

A los exploradores les encanta la aventura, pero ellos no ponen su seguridad en peligro. Los montañeros se equipan para reducir los riesgos asociados con la altura, las inclemencias del tiempo y el terreno peligroso. Usted está a punto de embarcarse en una aventura sobre cómo oír de parte de Dios. No se precipite a salir sin antes ponerse el equipo de seguridad que se encuentra en este capítulo. Voy a enseñarle cómo evitar resultar herido usando las seis salvaguardas siguientes:

1. Tenga cuidado mientras aprende a recibir guianza en sueños.

2. No dependa solamente de los sueños para recibir guianza, especialmente al tomar decisiones importantes y cuando esté aprendiendo por primera vez a oír de parte de Dios en esta forma.

3. Dios frecuentemente usa términos conocidos para hablarle de las cosas espirituales.

4. La mayor parte de los sueños no debería tomarse literalmente.

5. No permita que la confusión o el temor le atormenten como resultado de un sueño.

6. La guianza recibida a través de un sueño de parte de Dios nunca contradice el consejo de la Palabra de Dios escrita.

Vamos a considerar cada una de estas salvaguardas en detalle.

¡Sea cuidadoso!

Unos años atrás, enseñé sobre los sueños en una iglesia en Texas. Esa misma noche, un hombre joven en la congregación soñó que se iba a California. A la mañana siguiente de haber tenido el sueño, empaquetó sus maletas y se fue. Nunca me enteré de si él se equivocó o no. La experiencia me dice que esa era una buena oportunidad para equivocarse porque se movió muy apresuradamente.

Cuando un nuevo cristiano descubre una nueva verdad, su anhelo puede hacer que actúe prematuramente. Estos creyentes no informados no entienden que Dios tiene un límite de velocidad. De la misma forma que un motorista encuentra señales para dirigirle mientras conduce, un creyente alerta encontrará que Dios coloca señales a su paso para darle dirección espiritual. Dios da señales de aviso, dirección, de parar, e incluso límites de velocidad.

Muchas veces en mi ministerio, Dios me ha indicado que vaya despacio; otras veces me ha motivado a moverme más ligero. Cuando comience a moverse bajo la guianza que ha recibido de Dios en sueños —o cualquier otra forma que sea nueva para usted—, acuérdese del límite de velocidad. Vaya despacio, *especialmente* cuando sigue la dirección recibida en sueños.

Cuando comience a escuchar de parte de Dios en los sueños, probablemente recibirá un sueño y encontrará la interpretación fácilmente. Usted podrá decir: "Esto es fácil. ¡Ya lo tengo!", y comenzar a basar las decisiones en los sueños que recibe. No se vuelva demasiado confiado mientras aprende.

Unos de mis amigos es un experto piloto, que ha acumulado más de 12.000 horas de vuelo. Confío en él para que me lleve a cualquier lugar. Una vez, cuando estábamos volando a través de los cielos de Texas, me dijo algo que nunca se me ha olvidado:

El piloto más peligroso no es el que está comenzando a volar. El más peligroso es el que ha acumulado alrededor de cien horas de vuelo y es demasiado seguro de sí mismo. Muchas veces, él no tiene suficiente respeto por el tiempo o por la condición mecánica del avión, y toma riesgos innecesarios y peligrosos.

Los creyentes que comienzan a escuchar de parte de Dios en sueños pueden también volverse demasiado confiados. No se vuelva orgulloso por su éxito inicial al interpretar sueños, y no tome riesgos innecesarios.

Los sueños pueden ser complejos por naturaleza. Al igual que al desarrollar la habilidad en una vocación, se comienza con lo básico y se aprenden aspectos más complejos con el tiempo y la experiencia. Aunque el creyente más nuevo puede oír de parte de

Dios en sueños, la habilidad y la destreza se desarrollan con el paso del tiempo.

A medida que usted crezca en su entendimiento de los sueños, Dios frecuentemente le dará sueños sencillos y gradualmente desarrollará su entendimiento de otros más complejos. Hay que gatear antes de poder caminar. Hay que caminar antes de poder correr.

También debería tener cuidado con la forma en que usted comparte sus experiencias en el mundo de los sueños. Después de que Daniel recibiera una visión desconcertante, dijo: *"Pero guardé el asunto en mi corazón"* (Daniel 7:28). José, que ya era la envidia de sus hermanos, se habría beneficiado de este consejo. ¿Cómo respondió su familia a sus sueños?

> *Y soñó José un sueño, y lo contó a sus hermanos; y ellos llegaron a aborrecerle más todavía. Y él les dijo: Oíd ahora este sueño que he soñado: He aquí que atábamos manojos en medio del campo, y he aquí que mi manojo se levantaba y estaba derecho, y que vuestros manojos estaban alrededor y se inclinaban al mío. Le respondieron sus hermanos: ¿Reinarás tú sobre nosotros, o señorearás sobre nosotros? Y le aborrecieron aun más a causa de sus sueños y sus palabras. Soñó aun otro sueño, y lo contó a sus hermanos, diciendo: He aquí que he soñado otro sueño, y he aquí que el sol y la luna y once estrellas se inclinaban a mí. Y lo contó a su padre y a sus hermanos; y su padre le reprendió, y le dijo: ¿Qué sueño es este que soñaste? ¿Acaso vendremos yo y tu madre y tus hermanos a postrarnos en tierra ante ti? Y sus hermanos le tenían envidia, mas su padre meditaba en esto.*   (Génesis 37:5–11)

Los sueños grandiosos de José provocaron celos y conflictos en su familia. Use la discreción al compartir sus experiencias con otros. Aprender a oír de parte de Dios de una forma fresca y nueva debiera siempre motivar a otros a acercarse al Señor.

Oiga de parte de Dios en muchas formas

Dios es un Dios de muchas voces. Él habla en una variedad de formas. (Véase Hebreos 1:1–2). Si usted depende solamente de los sueños para obtener dirección, está abriendo la puerta al engaño y el error. Las Escrituras dicen que *"de la mucha ocupación viene el sueño"* (Eclesiastés 5:3). Tal vez su sueño surgió de la actividad del día. Las Escrituras también nos amonestan: *"Ni atendáis a los sueños que soñáis"* (Jeremías 29:8). Asegúrese de que está siguiendo solamente los sueños que proceden de Dios.

¿Cómo podemos estar seguros de que estamos discerniendo la voz de Dios? Esto nos lleva a la segunda regla: *No dependa solamente de los sueños para obtener dirección, especialmente al tomar decisiones importantes y cuando está aprendiendo por primera vez a oír de parte de Dios de esta manera.*

Contrariamente a lo que hizo el joven que se mudó a California, yo no tomaría una decisión tan importante sobre la base de un sueño. Buscaría la confirmación de Dios en otras formas. ¿Está buscando la voluntad de Dios sobre una gran inversión financiera, su carrera profesional o su cónyuge? Usted puede caminar seguro escuchando a Dios en más de una forma. Si Dios le está hablando, todas sus formas de comunicación concordarán para confirmarle su voluntad.

Dios usó este principio para convencer a Pedro de que tanto los gentiles como los judíos heredarían la salvación. Dios dirigió a Pedro de las siguientes formas para llevarlo a su conclusión:

1. Una visión durante la oración. *"Estaba yo en la ciudad de Jope orando, y vi en éxtasis una visión"* (Hechos 11:5).

2. Una palabra por el Espíritu Santo. *"Mientras Pedro pensaba en la visión, le dijo el Espíritu: He aquí, tres hombres te buscan"* (Hechos 10:19).

3. La llegada de tres hombres que preguntaron por él. *"He aquí, luego llegaron tres hombres a la casa donde yo estaba, enviados a mí desde Cesarea"* (Hechos 11:11).

4. El testimonio de un hombre devoto. *"Quien nos contó [Cornelio] cómo había visto en su casa un ángel, que se puso en pie y le dijo: Envía hombres a Jope, y haz venir a Simón, el que tiene por sobrenombre Pedro; él te hablará palabras por las cuales serás salvo tú, y toda tu casa"* (Hechos 11:13–14).

5. La demostración de señales y maravillas. *"Mientras aún hablaba Pedro estas palabras, el Espíritu Santo cayó sobre todos los que oían el discurso. Y los fieles de la circuncisión que habían venido con Pedro se quedaron atónitos de que también sobre los gentiles se derramase el don del Espíritu Santo"* (Hechos 10:44–45).

6. Recordando la Palabra de Dios. *"Entonces me acordé de lo dicho por el Señor, cuando dijo: Juan ciertamente bautizó en agua, mas vosotros seréis bautizados con el Espíritu Santo"* (Hechos 11:16).

¿Lo ve? Dios habló en una variedad de formas a Pedro. Cuando él juntó todas las piezas, ¡entendió que Dios le había hablado! Toda la información le llevó a la misma conclusión.

Después de que Pedro recibiera la revelación de que Dios estaba derramando su Espíritu tanto sobre los gentiles como los judíos, se lo dijo a los hermanos. Cuando ellos predicaron a los gentiles, experimentaron los mismos resultados. Las confirmaciones probaron que Dios le había hablado a Pedro.

Aunque este ejemplo conllevó el entender una visión recibida en un éxtasis durante la oración, sigue demostrando uno de los beneficios principales de oír a Dios en sueños. Los sueños encajan con las otras formas en que Dios habla para asegurarle que verdaderamente usted está oyendo a Dios. Dios puede usar los sueños para dar dirección inicial, intermedia, y confirmaciones.

1. *Dirección inicial.* Cuando José tenía diecisiete años de edad, recibió sueños de que un día tendría una posición de autoridad sobre sus padres y hermanos. (Véase Génesis 37:5–11).

2. *Dirección intermedia.* Jacob recibió un sueño de que Dios le bendeciría con muchos descendientes y le llevaría de vuelta a Betel. (Véase Génesis 28:12–22). Después de servir a su tío Labán por veinte años, Jacob recibió otro sueño que le indicó que regresara a la tierra de su padre. (Véase Génesis 11:13).

3. *Confirmaciones.* Gedeón desconfiaba de que Dios lo pudiera usar para derrotar a los madianitas. Un sueño aumentó su fe en Dios. (Véase Jueces 7:9–15).

Usted necesita desarrollar habilidad para oír de parte de Dios en la variedad de formas en que Él habla, incluyendo los sueños. Las diferentes formas encajan, como piezas en un rompecabezas, para darle el cuadro completo de lo que Él está diciendo. Los sueños son piezas importantes del rompecabezas, pero no son las únicas.

A medida que desarrolla su destreza para escuchar a Dios en todas las diferentes formas en las cuales Él habla, en gran manera usted aumenta su habilidad para estar en sintonía con Dios continuamente. Usted puede recibir guianza constante de Él sobre su trabajo, matrimonio, finanzas y ministerio.

Muchos cristianos pierden un alto porcentaje de la comunicación que Él les envía porque no tienen habilidad para reconocer y recibir la comunicación de Dios. Sin embargo, esta deficiencia no tiene que existir en su vida. Usted puede ser muy apto en oír a Dios en todas las formas en las cuales Él habla, incluyendo los sueños.

Dios usa lo conocido

Cuando Dios me llamó al ministerio a tiempo completo hace muchos años, aprendí algunas verdades valiosas sobre cómo oírle. Cuando buscaba la dirección de Dios para mi vida, recibí un sueño en el cual yo trabajaba para una compañía de seguros donde había estado empleado anteriormente. Supuse que Dios quería que yo regresara a esa compañía, la cual se había trasladado a Baton Rouge, Louisiana.

Llamé a la compañía para preguntar sobre una posición de ventas, y estuvieron interesados en darme empleo. Concerté una cita, conduje cuatro horas a la ciudad Baton Rouge y almorcé con uno de los vicepresidentes. Él me entregó los materiales, el libro de precios, y otros materiales necesarios para comenzar.

Regresé a mi pueblo en Beaumont, Texas, donde traté de vender seguros. Nada parecía funcionar. Finalmente, después de tres largas e infructuosas semanas, me di cuenta de que había malinterpretado mi sueño. Todavía estaba aprendiendo a escuchar a Dios en los sueños, y me había movido muy deprisa.

Esa experiencia me enseñó una lección costosa, dolorosa e inolvidable. También descubrí que el sueño me estaba dando dirección en el *ministerio*, no en el negocio de los seguros. Esto me llevó a nuestro siguiente principio: *Dios frecuentemente usa términos conocidos para hablarle sobre cosas espirituales.* Si usted sueña con su trabajo, eso puede significar su trabajo, o puede significar algo diferente.

Jesús dijo a sus discípulos, quienes eran pescadores: *"Venid en pos de mí, y os haré **pescadores** de hombres"* (Mateo 4:19). Él usó términos de pescadores para hablarles sobre el evangelismo. Use precaución a medida que desarrolle su habilidad para recibir dirección en los sueños que Dios le dé. El lenguaje de los sueños es muy simbólico y puede ser malinterpretado fácilmente.

Ojalá que alguien me hubiese guiado cuando yo estaba aprendiendo a recibir sueños inspirados de Dios. El consejo sabio me hubiese librado de cometer muchos errores. Déjeme compartir otro ejemplo donde Dios me habló en términos conocidos, pero malinterpreté su uso de símbolos.

Equivocando las señales de Dios

Dios me llamó al ministerio cuando yo administraba una agencia de seguros contra accidentes. Él me dirigió a renunciar a esa posición y tomar un trabajo vendiendo seguros de vida a base de comisión solamente. Eso me dio la libertad de prepararme para el ministerio a la vez que suplía mis necesidades vendiendo los seguros.

Durante ese tiempo, Dios me dio un sueño. Anteriormente, cuando había estado en el negocio de los seguros de vida, había aprobado cinco partes del curso C.L.U. (Chartered Life Underwriter). La designación C.L.U. es una designación profesional que se obtiene aprobando diez segmentos de un amplio programa de estudio en seguros. Yo no tenía deseos de completar el resto del programa C.L.U.; quería ser un ministro. Entonces vino el sueño.

Soñé que tenía un álbum de fotos en mis manos. Cuando abrí el álbum, la foto a la izquierda mostraba un grupo de hombres en el negocio de los seguros. Yo también estaba en la foto. Cuando miré a la foto a la derecha, vi otro grupo de hombres. No reconocí a ninguno, y yo no estaba en la foto. Uno de los hombres en esta foto estaba vestido como un sacerdote. Sobre la foto vi las letras B.B.B.–C.L.U. Cuando desperté, pensé que necesitaba conseguir mi designación C.L.U. para mejorar en el negocio.

Me asusté cuando me di cuenta de todo el trabajo necesario para aprobar el resto de los exámenes. Además, significaba que estaría vendiendo seguros por más tiempo del que había anticipado. Sin embargo, decidido a obedecer a Dios, di los pasos necesarios para matricularme en los cursos C.L.U.

Entonces tuve otro sueño en el que miembros de la familia me trajeron regalos en mi cumpleaños. Cada regalo era un aparato de comunicación. Uno me trajo una radio, otro me trajo un micrófono, y otro me trajo un teléfono. ¡Qué sueño más raro! No lo entendí, así que simplemente lo escribí y lo feché.

Entonces comenzaron a suceder eventos extraños. Dondequiera que iba, los creyentes me decían que sentían que Dios me había llamado a predicar. Eso ocurrió por lo menos ocho veces en un período de dos semanas. Cada vez que esto sucedía, les decía que yo estaba de acuerdo. Primero, sin embargo, tenía que conseguir mi designación C.L.U. en seguros porque Dios me había indicado que lo hiciera. Estaba seguro de que había escuchado a Dios.

Otra pieza del rompecabezas

No mucho después de eso, soñé que un hombre estaba en la cárcel por causa de un problema de alcohol. Le visité, le di un mensaje de parte de Dios, y oré por él. Entonces desperté. ¿Qué podría significar ese sueño? ¿Le ministraría yo a alguien en la cárcel? De nuevo, no entendí el sueño, así que meramente lo escribí en mi cuaderno que mantengo cerca de mi cama.

Fui a la oficina esa mañana como de costumbre. Mientras trabajaba en mi escritorio, sonó el teléfono. Un miembro de mi iglesia me estaba llamando. Me dijo: "Hermano Benny, un amigo mío está en la cárcel desde anoche por conducir ebrio. El pastor esta fuera de la ciudad. ¿Le puede visitar?".

Inmediatamente, recordé el sueño que había tenido esa mañana. Le respondí: "Sí, le visitaré con mucho gusto". ¡Qué interesante! Dios me había dado un mensaje para ese hombre en un sueño aquella misma mañana. Me fui al auto y rápidamente conduje a la cárcel del condado.

Al llegar a la cárcel, salí de mi auto y entré a la oficina de la recepcionista. "¿Puedo ayudarle?", me preguntó.

Le respondí: "Sí. Estoy aquí para visitar a este señor". Le entregué un pedazo de papel con el nombre del señor. Le dije: "Alguien en mi iglesia me pidió que le visitara". Estaba entusiasmado, sabiendo que tenía un mensaje para el hombre. Entonces la recepcionista me hizo una pregunta que me desconcertó.

"¿Es usted un ministro licenciado?".

"No. Nuestro pastor no está en la ciudad, pero yo frecuentemente ministro en su lugar cuando él está ausente".

"Lo siento, señor, pero usted no puede visitar a este hombre a menos que sea un ministro licenciado".

"Pero usted no entiende", le dije. "Yo *sé* que debo visitar a ese hombre".

"Lo siento, señor, pero usted no puede entrar sin una licencia válida de ministro".

¡Me quedé perplejo! Pensé que Dios proveería la forma para que yo pudiera entrar. ¿Acaso no me había dado Él un mensaje para ese hombre? ¿Qué salió mal? Mientras conducía a casa me sentí desanimado y confuso. Después de estacionarme, decidí cortar el césped. Me cambié de ropa rápidamente, salí y encendí la cortadora de césped. Mientras lo cortaba, repasé los diferentes eventos que habían ocurrido recientemente.

¿Por qué me dio Dios un mensaje para ese hombre y entonces cerró la puerta para que no lo entregara? Mientras trabajaba y meditaba, pensé sobre el sueño de la fiesta de cumpleaños. Justamente después de tener el sueño, diferentes creyentes me dieron el mismo mensaje. Dios me estaba llamando a ser un ministro. Entonces la mujer en la cárcel me dijo que yo necesitaba una licencia de ministro. Sin embargo, yo estaba seguro del significado del sueño del C.L.U. Parecía muy claro.

Decidí leer el sueño de C.L.U. de nuevo. Quizá se me había pasado una parte. Paré la máquina, y entré. Busqué mi cuaderno y encontré la página donde había escrito el sueño que me indicaba la certificación C.L.U. Cuando leí el sueño, una parte súbitamente tuvo sentido por primera vez. Al describir la foto a la derecha, simplemente había escrito: "Un hombre estaba vestido como un sacerdote".

¡Entonces entendí! Dios me había dado una analogía. Así como necesitaba mi designación profesional para seguir una carrera en la empresa de seguros, necesitaba conseguir mi designación profesional para estar en el ministerio. ¡Dios quería que yo fuera un ministro licenciado! Gracias a Dios que, después de todo, no tendría que tomar el adiestramiento C.L.U. En lugar de eso, me matriculé en un curso bíblico en la universidad y llegué a ser un ministro licenciado, un título que yo estaba mucho más entusiasmado por obtener.

Esta lección me enseñó a tener cuidado al interpretar los sueños, y también enfatizó otro principio importante que había comenzado a aprender: *La mayoría de los sueños no deberían tomarse literalmente.* Esta es una regla muy importante. Por favor, evite interpretar sus sueños literalmente. Se evitará mucha confusión, malas decisiones, y dolor. ¿Cómo debería usted interpretar los sueños? Eso nos lleva al siguiente punto.

Aprenda a pensar simbólicamente

El lenguaje de los sueños es muy simbólico. Si lo duda, estudie los sueños y las visiones que se encuentran en las Escrituras. El pensar simbólicamente requiere tiempo y acondicionamiento, pero usted tiene que adiestrarse para hacerlo. Los sueños en la Biblia casi siempre requirieron interpretación.

> *Ellos [los oficiales de Faraón] le dijeron [José]: Hemos tenido un sueño, y no hay quien lo interprete. Entonces les dijo José: ¿No son de Dios las interpretaciones?*　　　(Génesis 40:8)

> *Este es el sueño; también la interpretación de él diremos en presencia del rey.*　　　(Daniel 2:36)

> *Cuando Gedeón oyó el relato del sueño y su interpretación, adoró; y vuelto al campamento de Israel, dijo: Levantaos, porque Jehová ha entregado el campamento de Madián en vuestras manos.*　　　(Jueces 7:15)

El Espíritu Santo usa lenguaje simbólico en las visiones y los sueños. A través de la Biblia, Dios muestra un símbolo o una imagen y da la interpretación. Las diferentes imágenes o símbolos contenidos en un sueño tienen significados o interpretaciones. Gedeón escuchó a un hombre contando su sueño, y su compañero dio la interpretación.

> *Cuando llegó Gedeón, he aquí que un hombre estaba contando a su compañero un sueño, diciendo: He aquí yo soñé un sueño: Veía un pan de cebada que rodaba hasta el campamento de Madián, y llegó a la tienda, y la golpeó de tal manera que cayó, y la trastornó de arriba abajo, y la tienda cayó.*　　　(Jueces 7:13)

Si fuéramos a tomar este sueño literalmente, entonces un pan literal rodaría hasta el campo de los madianitas, y tumbaría una tienda. Por supuesto, este no era el significado. La interpretación de los símbolos se encuentra en el versículo siguiente.

*Y su compañero respondió y dijo: Esto no es otra cosa sino la
espada de Gedeón hijo de Joás, varón de Israel. Dios ha entre-
gado en sus manos a los madianitas con todo el campamento.*

(Jueces 7:14)

Cuando usted comience a recibir sueños, tendrá la inclinación
natural a interpretarlos literalmente. Muchas veces, los sueños
parecen muy reales, especialmente cuando usted acaba de despertar. Después de que pasen unos días, se le hará más fácil entender
los símbolos e interpretar el sueño simbólicamente.

¿Puede Dios darnos un sueño literal? Estoy seguro de que sí.
He escuchado testimonios al respecto. Sin embargo, la mayoría
de los sueños requieren interpretaciones. En mi opinión, la regla
más segura es pensar simbólicamente. Solamente puedo hablar de
mi propia experiencia y la Palabra de Dios. Todos los sueños en la
Biblia requirieron interpretaciones a menos que el mensaje en el
sueño viniera de un ángel. A veces, si el mensaje se da en palabras
(en lugar de símbolos), ese mensaje puede ser literal. Aún en los
sueños, el mensajero puede tener un significado simbólico. De otra
manera, es mejor pensar en términos simbólicos.

Veamos otro ejemplo que combina el uso del simbolismo con
un aviso importante. *No permita que ningún sueño le cause confusión
o temor.*

¡No tema!

Algunos años atrás, mi esposa y yo estábamos en una gira
ministerial en Nebraska. La segunda noche de la gira, ella tuvo
un sueño vívido. En el sueño, ella entró al baño en nuestra casa en
Texas y descubrió que nuestra hija adolescente se había ahogado en
la bañera. Trató de revivirla, pero fue en vano. Untonces mi esposa
corrió al dormitorio donde estaba su mamá y gritó: "¡Ayúdame a

orar! ¡Jodie se ha ahogado, y no puedo revivirla!". Ahí despertó. No hay que decir que el sueño la asustó.

"No te asustes", le dije, "vamos a orar y a pedirle la interpretación a Dios". Mientras orábamos, el Señor me mostró que nuestra hija representaba la fe de mi esposa en relación con la compra de una casa rodante para nuestros viajes ministeriales. Por dos años, nuestra familia frecuentemente vivió en una camioneta durante estas giras. Mi esposa se había cansado del espacio tan limitado. Su fe literalmente había muerto porque no habíamos podido comprar una casa rodante. Su mamá simbolizaba al Espíritu Santo, a quien ella le pidió que le ayudara a orar.

¿Por qué usó Dios a nuestra hija para representar la fe de mi esposa? Porque la fe de mi esposa para la casa rodante, así como nuestra hija, habían crecido casi hasta la madurez. No puede usted permitir que la fe muera en las primeras etapas o en las últimas etapas del proceso de espera, ¿no es cierto?

Efectivamente, mi esposa me confirmó que eso era exactamente lo que le estaba sucediendo. Así que reprendimos la incredulidad, y mi esposa pasó algún tiempo orando en el Espíritu. Su fe respondió, y una semana después nos hablaron de una oportunidad fantástica de una casa rodante. La compramos, ¡y mi esposa vio la manifestación de la promesa por tanto tiempo esperada!

Si hubiéramos tomado ese sueño literalmente, ¡habríamos temido por la vida de nuestra hija! Como la mayoría de los sueños, el suyo era simbólico. Cuando su fe se acercaba a la madurez en un área, sufrió un retroceso. Es más, se murió. Gracias a Dios que pudimos resucitarla y ver la promesa cumplida. ¡Dios nos envió el sueño para ayudarnos!

Este incidente simplemente vuelve a subrayar el porqué los cristianos necesitamos desarrollar sabiduría en la interpretación de sueños: una forma válida de escuchar a Dios. Me imagino la reacción de algunas personas si hubieran escuchado el sueño de mi esposa:

"Eso fue una pesadilla".

"Eso fue su imaginación".

"Eso fue del diablo".

"Asegúrese de orar por su hija. Dios le está avisando de que su vida corre peligro".

"¿Comió pizza antes de acostarse?".

Eliminemos la ignorancia en estas áreas y sigamos adelante para beneficiarnos de la dirección que Dios nos da en sueños.

Después de recibir un sueño vívido como el que tuvo mi esposa, muchos experimentan temor o confusión al despertarse. Las tramas de miedo, los personajes diabólicos y las persecuciones en los sueños pueden hacer temblar a cualquiera. No se deje atormentar por un sueño. Si le da lugar al temor o a la confusión, abrirá la puerta a estos espíritus inmundos. ¡Esa no es la voluntad de Dios para su vida!

Porque no nos ha dado Dios espíritu de cobardía, sino de poder, de amor y de dominio propio.   (2 Timoteo 1:7)

Pues Dios no es Dios de confusión, sino de paz.
                                                        (1 Corintios 14:33)

Si usted sucumbe a esta forma de pensar, interferirá en su habilidad para escuchar a Dios. Aunque usted reciba un sueño como un aviso, su propósito es ayudarle, no confundirle ni asustarle.

Tuve un sueño que me confundió. Temeroso de que no podría descifrar el aviso a tiempo, dejé que el tormento se apoderara de mi mente. Alimentar esos pensamientos de temor solamente me hicieron sentir peor. Como consecuencia, tuve un experiencia muy difícil y cometí algunos errores. El sueño había sido un aviso, pero no lo entendí lo suficiente como para evitar la situación. ¿Pero sabe qué? Jesús me dirigió a través de esa situación. Él es muy bueno para eso, ¿verdad?

Las dificultades creadas por el temor no me ayudaron absolutamente para nada, ¿no es así? Si acaso, fueron un obstáculo para que yo pudiera escuchar a Dios. Aprendí una lección importante de eso. ¡No dé lugar al temor! ¡No dé lugar a la confusión! Confíe en Dios.

¿Está de acuerdo con la Escritura?

El próximo principio se aplica no solamente a oír de parte de Dios en los sueños, sino también a escuchar a Dios en cualquier forma por las cuales Él habla. *La dirección recibida a través de un sueño dado por Dios, nunca contradecirá el consejo general de la Palabra de Dios escrita.*

Cualquier dirección que usted reciba que le motive a pecar o a violar los preceptos que se hallan en la Biblia es errónea y no debe seguirse. Dios amonestó a su pueblo sobre los "soñadores de sueños" que podrían desviarlos del camino.

Cuando se levantare en medio de ti profeta, o soñador de sueños, y te anunciare señal o prodigios, y si se cumpliere la señal o prodigio que él te anunció, diciendo: Vamos en pos de dioses ajenos, que no conociste, y sirvámosles; no darás oído a las palabras de tal profeta, ni al tal soñador de sueños; porque Jehová vuestro Dios os está probando, para saber si amáis a Jehová vuestro Dios con todo vuestro corazón, y con toda vuestra alma. En pos de Jehová vuestro Dios andaréis; a él temeréis, guardaréis sus mandamientos y escucharéis su voz, a él serviréis, y a él seguiréis. (Deuteronomio 13:1–4)

Muchos han caído en pecado porque creyeron que estaban siendo dirigidos por el Espíritu de Dios, aunque la dirección que estaban siguiendo claramente contradecía la Palabra de Dios.

Conocí a una dama cristiana que quería divorciarse de su esposo. La verdad era que deseaba casarse con un ministro que había conocido. Se convenció a sí misma de que Dios le indicó que se divorciara de su esposo. Muchas de sus amistades trataron de decirle que estaba equivocada, pero ella rehusó escuchar. Cortó su relación con otros cristianos y dejó de leer la Biblia. Obstinadamente creía que Dios deseaba que se separara de su esposo cuando no tenía ninguna razón bíblica para hacerlo.

Finalmente, el divorcio se produjo. Entonces, secretamente, comenzó a ver al ministro, que era casado y tenía mucha familia. Él se divorció de su esposa y se casó con mi amiga. La ruina vino a la vida de ambos. El hombre perdió su iglesia y su ministerio. El nuevo matrimonio no funcionó. El pecado y el error de mi amiga fueron peor porque ella decidió ignorar la mejor herramienta de discernimiento que Dios ha dado a su iglesia: la Palabra de Dios escrita.

> *Porque la palabra de Dios es viva y eficaz, y más cortante que toda espada de dos filos; y penetra hasta partir el alma y el espíritu, las coyunturas y los tuétanos, y discierne los pensamientos y las intenciones del corazón.* (Hebreos 4:12)

Ya sea que estemos aceptando el consejo de un amigo, discerniendo lo que hemos escuchado en oración, o buscando el significado de un sueño, debemos confirmar toda dirección con la Palabra de Dios escrita.

Hemos cubierto los principios básicos para mantenerle en terreno firme mientras comienza a aprender a escuchar a Dios en sueños. Resumamos los principios que encontramos en este capítulo:

1. Tenga cuidado mientras aprende a recibir guianza en los sueños.

2. No dependa solamente de los sueños para obtener guianza, especialmente al tomar decisiones importantes y cuando esté aprendiendo por primera vez a oír de parte de Dios en esta forma.

3. Dios frecuentemente usa términos conocidos para hablarle de cosas espirituales.

4. La mayor parte de los sueños no deben tomarse literalmente.

5. No permita que la confusión o el temor le atormenten como resultado de un sueño.

6. La guianza recibida a través de un sueño de parte de Dios nunca contradice el consejo de la Palabra de Dios escrita.

Ya que sabemos cuál es el equipo de seguridad a usar, continuemos nuestro viaje. Ahora tenemos que abrir un portón grande para entrar al umbral del mundo de los sueños. ¿Entramos? ¡Vamos!

4

ABRIENDO EL PORTÓN

Cuando era un nuevo convertido, asistí a un servicio en una iglesia donde el pastor comenzó la reunión con testimonios breves. Una dama joven se levantó y dijo que Dios le había hablado en un sueño.

¿Qué? Mis oídos se abrieron. ¿La escuché bien? ¿Verdaderamente Dios habla a la gente en sueños? Cuando consideré la posibilidad de que Dios me hablara personalmente en un sueño, mi espíritu se regocijó. Tan pronto como llegué a la casa esa noche, me arrodillé al lado de mi cama y hablé con Dios.

Le pregunté: "Señor, ¿es cierto que tú les hablas a las personas en sueños? Si es verdad, por favor háblame en un sueño esta noche. Y si lo haces, por favor dime cómo andar en el Espíritu. Tú sabes que esa ha sido mi oración constante y ferviente".

Después de esa sencilla oración, me metí en la cama y me dormí sintiendo anticipación en mi espíritu. Cuando desperté al otro día, me di cuenta de que había tenido un sueño casi real.

En el sueño, estaba conduciendo mi auto por la autopista. Entonces el motor comenzó a fallar. Es más, la condición empeoró de tal forma que finalmente me salí a la orilla de la carretera. Justo cuando me detuve, el motor se apagó. Salí del auto y levanté la tapa. Al examinar el motor, mi corazón se llenó de tristeza. ¡El motor estaba completamente quemado! El agua se había escapado, lo cual causó que el motor se sobrecalentara. ¡Me sentí enfermo!

Entonces desperté. Al analizar el sueño, mi primera reacción fue tomarlo literalmente. ¿Me estaba avisando Dios de que mi auto se iba a sobrecalentar? Revisé el radiador, y el nivel del agua estaba bien. Al darme un baño caliente esa mañana, pensando en el sueño, la revelación comenzó a llegar a mis pensamientos.

El auto representaba mi vida. Al igual que los instrumentos de un auto permiten al conductor revisar la condición del motor, varios barómetros espirituales permiten a la persona evaluar su caminar con el Señor. ¿Había yo cargado mi batería espiritual tomando tiempo para orar? ¿Estaba lleno de la Palabra, o vacío? ¿Estaba yo rebosando con el aceite del gozo? Así como el motor de un auto debe ser mantenido regularmente, también mi andar espiritual. Revisar regularmente mis instrumentos espirituales podía evitar que yo contristase al Espíritu Santo. Dios había contestado mi oración y me estaba enseñando cómo caminar en el Espíritu.

¡Es muy simple!

Como Dios quiere que usted esté seguro de que le está siguiendo a Él, trabajará con usted para probarle que le está hablando en los sueños. Él personalmente le demostrará la validez de los sueños para la actualidad. Dios dijo: *"Examinadlo todo; retened lo bueno"* (1 Tesalonicenses 5:21).

Una vez Él le haya demostrado esto, usted debería aprender a recibir los sueños. Pídale a Dios que le hable. Recuérdele las escrituras que ya hemos discutido. Pídale una demostración. ¡Él puede respaldar su Palabra! ¡Él quiere que usted conozca su voz!

Recuerde: en los últimos días, "soñaremos sueños". (Véase Joel 2:28; Hechos 2:17).

¡Está en la Biblia!

¡Es para hoy!

¡Y es para *usted* hoy!

Recibir un sueño de Dios es bien simple. Ya ha visto que es una señal de Dios derramando su Espíritu en los últimos días. Ahora le corresponde a Él demostrarle a usted que esto es real. Permítame darle algunas sencillas llaves para ayudarle a aprender a recibir sueños de Dios. Respaldaré cada llave con las Escrituras.

1. Pídale a Dios que le hable en sueños.

2. Espere recibir.

3. Cuando despierte, esté quieto por un momento y vea si puede recordar un sueño.

4. Escriba cada sueño y féchelo.

Veamos estas llaves en detalle.

Pídale a Dios que le hable

Cuando comencé a recibir sueños de parte de Dios, sin darme cuenta seguí un patrón bíblico que nos permite recibir todo lo que Dios tiene para nosotros. Alguien testificó que Dios le habló en un sueño. Habiendo escuchado eso, oré y le pedí a Dios que me hablara de esa forma, y¡ Él lo hizo!

Pedid, y recibiréis.   (Juan 16:24)

¡Sí, es verdad!

¡Usted debe recibir sueños!

Esta llave abre la puerta principal de entrada al mundo de los sueños. De hecho, disfrutamos de todas las bendiciones de Dios pidiéndolas con fe y recibiendo las promesas. Piense en la tremenda bendición espiritual que Dios tiene para nosotros: salvación, sanidad, dones espirituales y el bautismo en el Espíritu

Santo. Ninguna de estas cosas maravillosas suceden al azar en la vida de la persona, ¿verdad?

Las Escrituras nos dicen cómo reciben la salvación las personas: *"Así que la fe es por el oír, y el oír, por la palabra de Dios"* (Romanos 10:17). ¿Cómo recibió usted la salvación? Usted escuchó el evangelio, y lo recibió por fe.

El mismo principio se aplica al escuchar de parte de Dios en sueños. Las personas no saben que pueden tener esta manifestación en sus vidas, así que no la experimentan. Mucha gente nunca ha recibido un sueño de parte de Dios porque nunca se lo ha pedido. La Escritura dice: *"Pero no tenéis lo que deseáis, porque no pedís"* (Santiago 4:2). Usted debe tratar de escuchar a Dios en los sueños.

Algunas personas piensan que si Dios desea que tengan un sueño, sucederá de todas maneras. Estas personas no reciben muchos sueños de parte de Dios. Recuerde que Dios hizo promesas muy específicas:

> **Pedid**, y se os dará; **buscad**, y hallaréis; **llamad**, y se os abrirá. *Porque todo aquel que **pide**, recibe; y el que **busca**, halla; y al que **llama**, se le abrirá. ¿Qué hombre hay de vosotros, que si su hijo le **pide** pan, le dará una piedra? ¿O si le **pide** un pescado, le dará una serpiente? Pues si vosotros, siendo malos, sabéis dar buenas dádivas a vuestros hijos, ¿cuánto más vuestro Padre que está en los cielos dará buenas cosas a los que le **pidan?*** (Mateo 7:7–11)

Algunos cristianos me han dicho que se les ha enseñado a no buscar nunca sueños. Yo entiendo por qué se les ha enseñado eso. Algunas personas han resultado heridas por el abuso y el error. Por eso ya hemos hablado de las salvaguardas de seguridad. La gente puede interpretar los sueños incorrectamente o usar mal juicio, pero los sueños todavía son una forma válida de oír a Dios.

Una señora que asistió a mi seminario sobre cómo escuchar a Dios, rehusaba pedirle a Dios que le hablara en sueños. No deseando hacer algo que pudiera ser incorrecto, le dijo a Dios cómo se sentía. A pesar de su instrucción previa, le pidió a Dios una confirmación.

El próximo día, se recostó para tomar una siesta y se durmió. Al despertar, se quedó quieta por unos momentos, y trató de recordar si había soñado. Y he aquí, ¡había soñado! El sueño se relacionaba con su hijo. Cuando oró por este sueño, recibió la interpretación. Dios le reveló alguna información muy pertinente sobre la forma en que ella había estado manejando la conducta de su hijo. El sueño la ayudó tremendamente. Aún más, el sueño le permitió a Dios captar su atención cuando no había podido hablarle en otras formas. ¡Ahora ella es una oidora ávida en sueños!

Es perfectamente correcto pedir a Dios que le hable en una variedad de formas bíblicas, incluyendo sueños y visiones. Dios nos puede hablar sobre situaciones específicas por su Palabra. ¿Estará bien orar por esto antes de abrir su Biblia? Muchas veces Dios me ha hablado por un mensaje en la iglesia. ¿Estará bien pedirle a Dios que le hable antes de llegar al servicio? Dios también se comunica con el hombre por medio de sueños y visiones. Podemos confiar en Él para hablarnos en estas formas escriturales, especialmente si le pedimos que nos confirme su dirección.

Usted necesita tener hambre de escuchar de Dios en todas las formas en que Él habla. Desde que me convertí en cristiano, siempre he tenido hambre por conocer los caminos de Dios. Por años, mi oración constante era "caminar en su Espíritu, oír su voz, y hacer su voluntad". Tarde en la noche cuando no podía dormir, frecuentemente me apartaba a la oficina de mi hogar para buscar a Dios en oración. Mientras me paseaba por mi oficina, orando en el Espíritu, mis oraciones estaban saturadas de mi petición: "Dios, quiero caminar en tu Espíritu, oír tu voz, y hacer tu voluntad".

Usted también necesita un hambre profunda de Dios y sus caminos. Tal vez usted ya la tenga; tal vez no. Sin embargo, necesita cultivarla si verdaderamente desea beneficiarse del mensaje de este libro. Si no tiene esa hambre de Dios, debe desarrollarla. Ore por esto, dígale a su espíritu que se llene con hambre por las cosas sagradas. Actúe como si ya la tuviera buscando a Dios en oración y en su Palabra. Aparte tiempo para buscar a Dios con ayuno. Si hace estas cosas, tarde o temprano el hambre aparecerá.

Espere recibir

La expectativa es una forma de fe. Muchas veces nos sorprendemos cuando Dios nos habla o interviene en nuestras vidas. Conociendo la naturaleza de Dios, deberíamos esperar que estas cosas sucedan. Jesús dijo: *"Mis ovejas oyen mi voz"* (Juan 10:27). El escuchar a Dios debería ser la norma y no la excepción para los cristianos. Veamos un ejemplo de expectativa en las Escrituras.

> *Y he aquí una mujer enferma de flujo de sangre desde hacía doce años, se le acercó por detrás y tocó el borde de su manto; porque decía dentro de sí: Si tocare solamente su manto, seré salva. Pero Jesús, volviéndose y mirándola, dijo: Ten ánimo, hija; tu fe te ha salvado. Y la mujer fue salva desde aquella hora.*   (Mateo 9:20–22)

El versículo clave nos dice: *"decía dentro de sí"*. Ella *esperaba* ser sanada cuando tocara su manto. Esa expectativa causó que su fe activara el poder de Dios.

Su expectativa le ayudará a recibir de Dios. Tan pronto como usted le pida a Dios que le hable en sueños, debería colocar un cuaderno y un bolígrafo en su mesa de noche. Recuerde que la fe sin obras es muerta. (Véase Santiago 2:17). Este simple acto activa su fe y le muestra a Dios que usted está esperando recibir de Él mientras duerme.

La expectativa marca una gran diferencia en lo que recibimos de Dios. Veamos otro ejemplo bíblico.

*Pedro y Juan subían juntos al templo a la hora novena, la de la oración. Y era traído un hombre cojo de nacimiento, a quien ponían cada día a la puerta del templo que se llama la Hermosa, para que pidiese limosna de los que entraban en el templo. Este, cuando vio a Pedro y a Juan que iban a entrar en el templo, les rogaba que le diesen limosna. Pedro, con Juan, fijando en él los ojos, le dijo: Míranos. Entonces él les estuvo atento, **esperando recibir de ellos algo**. Mas Pedro dijo: No tengo plata ni oro, pero lo que tengo te doy; en el nombre de Jesucristo de Nazaret, levántate y anda. Y tomándole por la mano derecha le levantó; y al momento se le afirmaron los pies y tobillos; y saltando, se puso en pie y anduvo; y entró con ellos en el templo, andando, y saltando, y alabando a Dios. Y todo el pueblo le vio andar y alabar a Dios.*   (Hechos 3:1–9)

Muchas veces he visto este principio demostrado cuando oro por los enfermos. Aquellos que vienen a Dios esperando ser sanados, frecuentemente reciben su sanidad con facilidad. Una mujer que había sufrido por un tumor del tamaño de un melón dulce en el tronco vino buscando sanidad. Cuando observé la línea de los que venían para pedir oración, el Espíritu Santo me la señaló Mientras ella esperaba el toque sanador de Dios, su semblante resplandecía con anticipación. Finalmente, llegó al frente de la línea.

"¿Cree que Dios le sanará?", le pregunté.

"¡*Sé que lo hará!*", me contestó confiadamente.

"¡Reciba su sanidad en el nombre de Jesús!", le dije mientras extendía mi mano hacia ella. Ni siquiera la toqué. El poder de Dios inmediatamente disolvió el tumor.

"¡Alabado sea Dios, estoy sana!", declaró. Ella recibió exactamente lo que esperaba recibir de Dios. Usted también recibirá exactamente lo que espera recibir de Dios en sus sueños.

Trate de recordar sus sueños

Para escuchar a Dios en sueños, debe pedirle que le hable en esa forma. Debe esperar que Dios le dé sueños, pero usted también debe *recibir*. La Biblia dice: *"Pedid, y recibiréis"* (Juan 16:24). ¿Cómo se recibe un sueño que ocurre cuando usted no está en control de lo que está sucediendo? Podemos encontrar la respuesta en la Escritura.

Volvió el ángel que hablaba conmigo, y me despertó, como un hombre que es despertado de su sueño. Y me dijo: ¿Qué ves? Y respondí: He mirado, y he aquí un candelabro todo de oro.

(Zacarías 4:1–2)

¿Lo ve? Zacarías fue despertado *"como un hombre que es despertado de su sueño"*. Tan pronto como despertó, el ángel le preguntó: *"¿Qué ves?"*. Zacarías respondió con un detalle significativo al recordar los sueños. Él dijo: *"He mirado, y he aquí un candelabro todo de oro"* (Zacarías 4:2).

Aquí está el punto que usted tiene que entender. *¡Zacarías no vio el candelabro hasta que miró!* Por eso muchas personas no reciben la dirección que Dios les envía en los sueños. ¡No miran! El ángel le recordó a Zacarías que mirara, y yo se lo recuerdo a usted. Cuando despierte, antes de que haga algo más, *¡mire!*

Cuando despierte, pregúntese: ¿Me habrá despertado Dios? Tan pronto como se dé cuenta de que está despierto, trate de ver si hay un sueño en su memoria. Algunas veces será muy claro; otros sueños pueden parecer opacos o borrosos. Posiblemente recuerde sólo un poquito al principio. Cuando medite en eso, lo demás puede venir a su mente. Entonces usted puede rehacer el sueño entero.

A medida que aprenda a recibir sueños de Dios, muchas veces se despertará al final de un sueño. El momento de despertarse será perfecto. Ese es el momento para mirar en su memoria y ver si puede recordar el sueño.

A usted le parecerá que se despertó naturalmente. Sin embargo, por más natural que parezca, usted puede haber sido despertado sobrenaturalmente. La Biblia dice: *"Porque en él vivimos, y nos movemos, y somos"* (Hechos 17:28). ¿Ha considerado alguna vez que en Él vivimos, y nos movemos, y despertamos?

Dios me mostró que *Él* frecuentemente me despertaba del sueño. Cuando despertaba, miraba el reloj digital en mi mesa de noche, y eran las 3:33 de la mañana. Esto sucedió no solamente una vez, sino muchas veces. Finalmente, me di cuenta de que eso no era una coincidencia. Era Dios. Parecía que yo despertaba naturalmente, ¡pero era Dios quien en realidad me despertaba!

Una vez, Dios me despertó en una forma muy inusual. Sin embargo, al principio no me di cuenta de que era Dios. Una mosca zumbaba alrededor de mi cara y me despertó. Traté de darle con mi mano. A la noche siguiente, no podía creer que una mosca estuviera zumbando alrededor de mi cara de nuevo. Sin embargo cuando desperté, me di cuenta de que no había ninguna mosca. Había estado escuchando el zumbido de la mosca en mi sueño, pero realmente no había ninguna mosca allí.

¡Entonces Dios me habló!

"Yo envié esa mosca anoche para despertarte".

¿Increíble? En realidad no. No se ría. ¡Déle crédito a Dios! Él puede usar sus criaturas para su propósito, ¿no? Recuerde que Él usó una planta y un gusano para hablarle a Jonás. (Véase Jonás 4:6–11). El escritor de Proverbios nos amonesta por medio de las acciones de una hormiga. (Véase Proverbios 6:6–11). Dios puede usar uno de sus insectos como un instrumento para hacer su voluntad.

Realmente, aprendí un principio muy importante de esta lección. Muchas veces, las cosas que suceden en una forma perfectamente natural son en realidad inspiradas por Dios. Algunas veces, cuando parece que despierta naturalmente, verdaderamente está siendo despertado de manera sobrenatural. Aún si un ruido lo despierta, quizá no fue un accidente. Cuando usted despierte inesperadamente, vele y éste atento para escuchar la voz de Dios. Vea si puede traer un sueño a su memoria.

Muchas familias hoy día poseen una grabadora de videos. Mi esposa y yo pensamos que la mejor función de la grabadora es que la podemos programar con anterioridad. Si deseamos grabar un programa de televisión mientras estamos fuera, programamos la grabadora para encenderse y apagarse a ciertas horas.

Si un hombre puede inventar una máquina capaz de detenerse al final de un programa de televisión, ¿cuánto más puede Dios despertarnos precisamente al final de un sueño? Si Dios le da un sueño, entonces Él sabe cuándo comienza y cuándo termina. Esa es la razón por la cual muchas veces usted despertará inmediatamente después de un sueño. Con un poquito de esfuerzo, usted puede retroceder el sueño y volverlo a ver mientras está fresco en su memoria.

Escriba y feche el sueño

Muchas personas ignoran este consejo por varias razones. Posiblemente es mucho trabajo, o tal vez no parece muy importante.

Sin embargo, si usted ignora este paso, perderá alguna instrucción importante de parte de Dios.

Si usted desea seriamente escuchar a Dios en los sueños, entonces *debe* formar el hábito de siempre escribir y fechar las cosas que recibe en los sueños. Esta es una práctica bíblica.

En el primer año de Belsasar rey de Babilonia tuvo Daniel
un sueño, y visiones de su cabeza mientras estaba en su lecho;
*luego **escribió el sueño, y relató lo principal del asunto**.*

(Daniel 7:1)

Algunos sueños son muy claros; otros son opacos. Ambos pueden contener consejos ungidos de Dios, pero es fácil que para la mañana, se nos hayan olvidado incluso los sueños más vívidos. Si verdaderamente quiere escuchar a Dios por medio de los sueños, debe escribirlos. La Biblia dice que algunos sueños son fáciles de recordar, e incluso involucran nuestras emociones.

Y será como sueño de visión nocturna la multitude....Y les
sucederá como el que tiene hambre y sueña, y le parece que
come, pero cuando despierta, su estómago está vacío; o como
el que tiene sed y sueña, y le parece que bebe, pero cuando
despierta, se halla cansado y sediento.   (Isaías 29:7–8)

¿Se imagina usted cómo sería estar hambriento y soñar que está comiendo y su sueño es tan real que lo despierta? ¡Ese es un sueño casi real!

Algunos me han dicho: "¡Hermano, tuve un sueño anoche y sé que era de Dios porque era muy real!". Muchos sueños que *no son* tan vívidos también son de Dios. A veces las cosas del Espíritu no son muy claras. Por eso necesitamos cultivar sensibilidad espiritual.

Cuando Dios reprendió a Aarón y a Miriam por haber hablado en contra de Moisés, dio a entender que los sueños pueden ser una forma oscura de comunicación.

Cuando haya entre vosotros profeta de Jehová, le apareceré en visión, en sueños hablaré con él. No así a mi siervo Moisés.... Cara a cara hablaré con él, y claramente, y no por figuras.
(Números 12:6–8)

Los sueños pueden ser desconcertantes, perturbadores y fugaces. El rey Nabucodonosor tuvo un sueño así de parte de Dios. Mientras contaba su experiencia, dijo que no podía dormir.

En el segundo año del reinado de Nabucodonosor, tuvo Nabucodonosor sueños, y se perturbó su espíritu, y se le fue el sueño.   (Daniel 2:1)

¿Cual era la importancia del sueño de Nabucodonosor? No lo podía recordar. *"Respondió el rey y dijo a los caldeos: El asunto lo olvidé"* (Daniel 2:5). Obviamente, el sueño de Nabucodonosor no fue muy vívido ni fácil de recordar. Algunos sueños son muy vívidos y fáciles de recordar al despertar. Otros no lo son. Dios puede usar ambos para comunicar un mensaje importante.

Una noche desperté después de tener un sueño vívido. Sabía que lo recordaría porque era muy claro. Sin embargo, para estar seguro, lo repasé en mi mente hasta estar seguro de que no lo iba a olvidar. Y me volví a dormir. ¡Lo adivinó! Cuando desperté en la mañana, no lo pude recordar. Lo olvidé.

La Palabra de Dios nos avisa de que los sueños pueden ser esquivos. *"Como sueño volará, y no será hallado, y se disipará como visión nocturna"* (Job 20:8). Yo he perdido revelaciones, himnos, y sueños de mucho valor porque pensé que los podría recordar sin escribirlos. He aprendido a llevar mi cuaderno conmigo siempre que viajo. Siempre estoy listo para escribir lo que Dios me da.

Dios le puede dar instrucciones en un sueño que no se aplicarán por semanas, meses, o años. Las visiones de Daniel se relacionaban con una era miles de años en el futuro. (Véase Daniel 8:17; 10:14). Dios vino a Abram en una visión y le prometió un hijo veinticinco años antes del nacimiento de Isaac. (Véase Génesis 15:1–4). Algunos de sus sueños pueden contener direcciones sobre su futuro. Si estos sueños no se escriben, usted olvidará detalles importantes y hasta puede olvidar el sueño.

Aunque usted piense que un sueño no es de Dios, escríbalo de todas maneras. Algunas personas piensan que Dios no les dio cierto sueño porque no tenía sentido. Muchas personas han acudido a mí con "pesadillas" enviadas por el diablo solamente para darse cuenta de que, después de todo, su sueño era de Dios.

Por supuesto, Dios no es autor de las pesadillas. Por otro lado, usted puede pensar que un sueño es una pesadilla cuando realmente no lo es. Simplemente porque es muy vívido o le da miedo, no quiere decir que no provenga de Dios. Puede ser de Dios. Puede que no. He aquí una regla muy importante para recibir y aprender a entender sus sueños: *Cuando tenga duda, ¡escríbalo!*

Después de un tiempo, cuando haya pasado la impresión del sueño y usted lo revise, posiblemente tendrá más sentido. Feche el sueño cuando lo escriba. Esto puede ser de mucha ayuda más adelante al repasar las instrucciones que ha recibido. La fecha puede ser muy importante, y hasta puede ayudarle al reunir información para discernir lo que Dios le dice. Ezequiel reconoció la importancia de conocer el tiempo de Dios.

Aconteció en el año duodécimo, en el mes duodécimo, el día primero del mes, que vino a mí palabra de Jehová.

(Ezequiel 32:1)

Muchos profetas del Antiguo Testamento reconocieron exactamente *cuándo* les habló Dios. ¡Usted debería hacerlo también!

Vamos a revisar estos pasos simples para ayudarle a escuchar a Dios por medio de los sueños:

1. Pídale a Dios que le hable en sueños.

2. Espere recibir.

3. Cuando despierte, esté quieto por un momento y vea si puede recordar un sueño.

4. Escriba *cada* sueño y féchelo.

Muchas veces me despierto temprano en la mañana, y me vuelvo a dormir livianamente. Durante esta etapa de despertar y dormirme, frecuentemente Dios me da sueños.

Años atrás, cuando estaba comenzando en el ministerio a tiempo completo, llegué a un punto donde no sabía qué hacer después. Había dejado mi trabajo. Había recibido numerosas confirmaciones, pero nadie me invitaba para predicar. Le pedí ayuda a Dios, y cuando abrí mi Biblia para buscar de Él, mis ojos cayeron en un versículo. *"Miraba yo en la visión de la noche, y he aquí"* (Daniel 7:13).

Percibí que Dios me hablaría esa noche en una visión. ¡Qué emocionante! Me metí a la cama con esa expectativa. A la mañana siguiente, cuando estaba comenzando a despertar, traté de recordar si había soñado. Sin embargo, no recordé haber soñado. Entonces, todavía medio dormido, comencé a soñar. Vi a mi pastor, y él dijo: "Proverbios 6:6–8". Eso fue todo el sueño. Me levanté y corrí a la Biblia para buscar el pasaje.

Ve a la hormiga, oh perezoso, mira sus caminos, y sé sabio; la cual no teniendo capitán, ni gobernador, ni señor, prepara en el verano su comida, y recoge en el tiempo de la siega su mantenimiento. (Proverbios 6:6–8)

Dios me dijo que me moviera en fe; ¡que no me quedase sentado a esperar! No sabía dónde comenzar, así que decidí llamar a algunos pastores el lunes por la mañana. A las ocho de la mañana, fui a mi oficina y me preparé para hacer mi primera llamada. Antes de levantar el teléfono, este sonó. Un amigo que estaba de pasada en la ciudad quería visitarme para tomar café. Pensé que me distraería, pero por cortesía, decidí verlo.

Mientras tomábamos café, le dije que deseaba llamar a algunos pastores para ministrar en sus iglesias. Él me dio los nombres de algunos pastores que conocía. Cuando se fue, llamé a los nombres que él me dio. Los pastores me invitaron a predicar, ¡y así comencé mi primera gira ministerial a tiempo completo!

Ese mini sueño probó ser muy valioso porque me ayudó a empezar bien. ¡Gracias a Dios! El sueño vino durante un período de sueño liviano después de que había empezado a despertar.

Muchas veces, me despierto y no recuerdo haber soñado. A veces, cuando trato de recordar un sueño, parte del sueño viene a mi mente. Cuando pienso en esa parte, aparece otra y después otra. Finalmente, junto las partes y tengo el sueño completo. Con frecuencia, esos sueños me son fuentes valiosas de guianza. Sin embargo, otras veces no puedo recordar todas las partes de memoria. En esos casos, solamente escribo lo que puedo recordar.

El recibir sueños de Dios no es muy complejo, ¿verdad? Si le pide a Dios que le hable en sueños, ¡Él lo hará! Dios ha prometido:

Clama a mí, y yo te responderé, y te enseñaré cosas grandes y ocultas que tú no conoces.   (Jeremías 33:3)

Mientras usted sigue los pasos dados en este capítulo, "soñará sueños". (Véase Joel 2:28; Hechos 2:17). Ahora que hemos abierto la puerta al mundo de los sueños, entremos y ampliemos nuestro conocimiento de esta tierra.

5

INTERPRETANDO
SUEÑOS

Así que usted despierta y recuerda que tuvo un sueño.

¿Qué hace ahora?

Obviamente, el próximo paso es interpretar el sueño para poder entenderlo.

Cuando Jesús enseñaba a las multitudes y a sus discípulos, muchas veces les hablaba en parábolas. Las parábolas tenían que ser interpretadas. Dios frecuentemente hablaba a los profetas usando un patrón similar. Les mostraba una visión o un sueño y después les daba la interpretación. La visión era simbólica y los símbolos tenían que interpretarse para entenderse.

Los sueños siguen el mismo patrón. Usted recibe un sueño. El sueño contiene símbolos. Los símbolos tienen que ser interpretados. ¡Es muy simple! Dios siempre ha usado maneras sencillas para hablar a su pueblo.

"Muestra y explica"

¿Se acuerda de la actividad de aprendizaje en la escuela elemental "muestra y explica"? Usted llevaba un juguete o artículo favorito, lo mostraba delante de la clase y lo describía. Dios usa este mismo patrón para comunicarse con su pueblo. Dios le muestra algo y después le dice lo que significa. Cuando Dios le da un sueño, usted también debe buscar la interpretación.

Muchos me dicen que recibieron un sueño y que los eventos ocurrieron exactamente como los soñaron. Los sueños literales pueden ocurrir en ciertas ocasiones. Yo nunca los he tenido, sin embargo. Las Escrituras no contienen ningún registro de tales sueños.

La Biblia registra sueños en los cuales un ángel a veces aparecía con un mensaje literal. En las Escrituras, los sueños con una serie de eventos, un complot, o aún un mensaje simple siempre requirieron interpretación.

Usted debe entender este concepto para evitar equivocarse. El sueño y su contenido a menudo parecen tan reales que usted puede pasar por alto el significado simbólico. Con demasiada frecuencia, los creyentes confían en su propio entendimiento en lugar de pedir a Dios revelación del significado simbólico de los sueños.

Confiar en el pensamiento natural causa que los cristianos que no han sido enseñados en el tema se desvíen cuando tratan de entender un sueño. ¡Usted *tiene que* aprender a pensar simbólicamente! Veamos un ejemplo de las Escrituras.

Aconteció que pasados dos años tuvo Faraón un sueño. Le parecía que estaba junto al río; y que del río subían siete vacas, hermosas a la vista, y muy gordas, y pacían en el prado.
(Génesis 41:1–2)

Si un ranchero tuviera este sueño hoy día, probablemente pensaría que su sueño tenía que ver con su ganado. El siguiente versículo revela el significado real del ganado. *"Las siete vacas hermosas siete años son"* (Génesis 41:26). Cada vaca simbolizaba un año. Si el sueño hubiera sido interpretado literalmente, se habría malinterpretado a Dios.

Al principio de mi ministerio, viajaba con frecuencia a mis compromisos en una casa rodante. Una noche, soñé que estaba conduciendo cuando me encontré con una curva muy cerrada en la carretera. Como conducía a gran velocidad, la casa rodante se salió de la carretera. Una interpretación literal del sueño me habría advertido sobre conducir a alta velocidad. Sin embargo, mientras oraba sobre el sueño, el Señor me mostró que la casa rodante representaba mi ministerio. Había tomado algunas decisiones rápidas que tenían que ver con la dirección de mi ministerio. Dios me dijo que redujera el paso e hiciera cambios gradualmente. Cuando pensé simbólicamente, entendí el sueño y recibí una interpretación precisa.

Para beneficiarse de un sueño, usted tiene que recibir e interpretar el sueño. Algunos sueños son simples; otros son más complejos. Al igual que cualquier rompecabezas que usted intente hacer, algunos sueños son más difíciles de interpretar que otros.

Divida su sueño

¿Cómo podemos interpretar un sueño? He descubierto varios métodos útiles para descubrir el significado de los sueños. Cuando Dios creó los cielos y la tierra, dividió la gran empresa en trabajos más pequeños de un día, y trabajó en su proyecto paso a paso.

En el principio creó Dios los cielos y la tierra .Y dijo Dios: Sea la luz; y fue la luz. Y vio Dios que la luz era buena; y separó Dios la luz de las tinieblas. Y llamó Dios a la luz Día, y a las tinieblas llamó Noche. Y fue la tarde y la mañana **un día**. *Luego dijo Dios: Haya expansión en medio de las aguas, y separe las aguas de las aguas. E hizo Dios la expansión, y separó las aguas que estaban debajo de la expansión, de las aguas que estaban sobre la expansión. Y fue así. Y llamó*

*Dios a la expansión Cielos. Y fue la tarde y la mañana el **día** **segundo**.*   (Génesis 1:1, 3–8)

Esa es la forma de llevar a cabo cualquier proyecto grande, ¿verdad? Se divide la tarea grande en tareas más pequeñas y se enfocan las pequeñas tareas paso a paso. Es como comerse un pastel. Después de cortar el pastel en pedazos, usted se come cada pedazo mordida a mordida.

Se puede usar el mismo principio para interpretar los sueños. No trate de entender todo el sueño a menos que sea muy corto y muy simple. En lugar de eso, divida el sueño en partes más pequeñas y trate de entenderlo parte a parte. Veamos cómo deberíamos dividir el sueño para comenzar a buscar su interpretación.

Primero, algunos sueños vienen en secciones fáciles de dividir. Muchas veces, un sueño puede tener dos o tres partes o secciones mayores. Estas partes son como un drama con Escena I, Escena II y Escena III. ¿Cómo sabemos cuándo un sueño cambia de una sección a otra? El lugar, el ambiente o la acción cambiará. Esto es difícil de explicar, pero no será difícil de reconocer cuando usted examine un sueño. Las secciones deberían ser bastante claras.

He aquí dos principios básicos para interpretar sus sueños:

1. Divida su sueño en secciones.
2. Divida cada sección del sueño en partes pequeñas.

No debería tratar de comer un pedazo completo de pastel de una mordida. De la misma manera, no debería tratar de interpretar un sueño completo o una sección completa sin tomar pequeñas mordidas. Veamos un pasaje de la Escritura que ilustra este principio.

Volvió el ángel que hablaba conmigo, y me despertó, como un hombre que es despertado de su sueño. Y me dijo: ¿Qué ves? Y respondí: He mirado, y he aquí un candelabro todo de oro,

con un depósito encima, y sus siete lámparas encima del can-
delabro, y siete tubos para las lámparas que están encima de
él; y junto a él dos olivos, el uno a la derecha del depósito, y el
otro a su izquierda.   (Zacarías 4:1–3)

En el relato de Zacarías de esta visión nocturna, él describió cuidadosamente cada pieza en detalle. Cada pieza era importante. Aunque él describió lo que vio con precisión, no entendió los símbolos. No se desanime si no entiende los símbolos en su sueño. Cada pieza está ahí por una razón. Aísle cada pieza para encontrar su significado. Al entender las piezas pequeñas, usted recibirá la interpretación del sueño entero.

Una vez que el sueño está dividido en partes, tenemos que entender el significado de cada parte. Estos tres métodos de interpretación le ayudarán a entender cada parte individual y el sueño completo.

1. Pídale a Dios que le diga lo que significa cada parte.

2. Hágase preguntas sobre cada parte del sueño.

3. Relacione el sueño con sus circunstancias.

Veamos cada método por separado, usando la Escritura y experiencias personales para ilustrar cómo trabajan.

Pídale a Dios el significado de cada parte

La mejor forma de recibir una interpretación para su sueño es, primeramente, pasar algún tiempo "en el Espíritu". Muchos cristianos no saben lo que significa estar en el Espíritu. Sin embargo, todos los creyentes pueden aprender a hacerlo, y es bíblico. Los discípulos de Jesús lo hicieron antes de recibir revelaciones tremendas de Dios.

*Yo estaba **en el Espíritu** en el día del Señor, y oí detrás de mí
una gran voz como de trompeta.* (Apocalipsis 1:10)

*Pedro subió a la azotea para orar, cerca de la hora sexta. Y
tuvo gran hambre, y quiso comer; pero mientras le preparaban
algo, **le sobrevino un éxtasis**; y vio el cielo abierto.*
(Hechos 10:9–11)

Una de las mejores maneras de estar en el Espíritu es utilizar su lenguaje de oración, u orar en lenguas. Libere su mente de las distracciones y ajetreos del día y enfóquela en Dios. Debemos ser buenos oidores para escuchar las impresiones apacibles del Espíritu Santo. Debemos cultivar la habilidad de estar quietos y escuchar. La voz de Dios suave y apacible es exactamente eso: es suave y es apacible.

Una vez que tenga un corazón dispuesto para escuchar, ore sobre cada pedazo de su sueño. Pregunte a Dios qué podría significar ese pedazo. Después de preguntar, escuche para ver si recibe pensamientos o impresiones. Eso es exactamente lo que hizo Zacarías.

Hablé más, y le dije: ¿Qué significan estos dos olivos a la derecha del candelabro y a su izquierda? Hablé aún de nuevo, y le dije: ¿Qué significan las dos ramas de olivo que por medio de dos tubos de oro vierten de sí aceite como oro? Y me respondió diciendo: ¿No sabes qué es esto? Y dije: Señor mío, no. Y él dijo: Estos son los dos ungidos que están delante del Señor de toda la tierra. (Zacarías 4:11–14)

Si usted no entiende sus sueños, no tema hacerle preguntas a Dios. Al igual que Zacarías, su curiosidad será recompensada con respuestas. Recuerde que Dios se agrada de los que buscan.

Como cualquier diestro artesano o artista, usted necesita practicar para adiestrarse en la interpretación de los sueños. No se desanime si no alcanza resultados dramáticos inmediatamente. Siga trabajando en ello. La destreza y los resultados correspondientes se desarrollarán en un período de tiempo.

Esté seguro de ejercitar el discernimiento cuando use este método de interpretación, para no ser desviado. Recuerde el consejo del apóstol Pablo: *"Examinadlo todo; retened lo bueno"* (1 Tesalonicenses 5:21). También le dijo a la iglesia en Corinto: *"Por boca de dos o tres testigos se decidirá todo asunto"* (2 Corintios 13:1). Pídale a Dios que le confirme en otras formas que Él le está hablando.

Una mañana, experimenté un sueño muy vívido. Yo estaba en una casa grande con un amigo y su mamá. Mi amigo caminaba de arriba para abajo retorciendo sus manos. Un gigante estaba parado en el patio del frente y le gritaba a mi amigo: "¡Sal afuera y pelea. ¡Sal afuera y pelea!".

Recuerdo que pensé: Él no puede pelear con ese gigante. Va a resultar herido si lo intenta. Ese hombre es demasiado grande para que mi amigo pelee con él. Entonces le dije a la mamá de mi amigo: "Es mejor que ore. Él está considerando pelear con ese gigante".

Entonces comencé a despertar. Antes de despertar completamente, rápidamente le pregunté a Dios: "¿Era ese realmente mi amigo?".

Me llegó una respuesta: "Ajá". Pensé que Dios usaría un vocabulario más formal, como "sí" o "cierto", pero me dijo "Ajá".

Dándome cuenta de que estaba despertando poco a poco, rápidamente pregunté: "¿Quién era ese gigante?".

"Espíritu de alcohol", dijo el Espíritu Santo.

Para entonces, ya estaba despierto. Había estado en el Espíritu lo suficiente para recibir la interpretación. Había tenido esa misma experiencia mientras oraba profundamente. ¿Cómo sabía yo que escuché correctamente? Esa es una buena pregunta. Después de buscar a Dios, decidí que no estaría de más pedirle a la mamá de mi amigo que orara por él.

Algunos días después, mi amigo me llamó. Durante la conversación telefónica, le pregunté con cautela: "¿Has estado teniendo alguna lucha con el alcohol?". Tan pronto como le pregunté, comenzó a llorar. Estas experiencias confirman que usted realmente está escuchando a Dios.

Mi amigo me confió que había estado tomando dos veces esa semana, algo que no había hecho por años. Había estado pasando por una situación difícil en su vida y, bajo la presión, se debilitó y regresó al viejo hábito.

"¿Cómo lo supiste?", me preguntó.

"Dios me lo dijo", le contesté.

"¿Él te lo dijo?".

"Sí".

Mi amigo se sorprendió de que Dios hubiera revelado información de su vida personal. Le recordé el poder de Dios para librarnos, y después oramos. Cuando lo vi algunas semanas después, no había tocado una gota de alcohol desde nuestra conversación. Creo que la victoria fue ganada por las oraciones de su mamá.

Orar y escuchar es una forma de interpretar sus sueños. Si no obtiene resultados de esta manera, no se preocupe. Todavía puede usar los métodos dos y tres. Veamos el método número dos.

Hágase preguntas

El segundo método conlleva estudiar cada parte del sueño y hacerse preguntas sobre ella. Examine su sueño desde cada ángulo. Frecuentemente, usted recibirá una revelación de Dios en esta forma. De la misma forma que usted recibe nutrición al comer alimentos, debe morder una parte pequeña del sueño y meditar en ella hasta que su espíritu la digiera.

La meditación en la Palabra de Dios es la llave para prosperar en todo lo que hacemos. Dios le dio a Josué algunas instrucciones muy explícitas antes de que él condujera a los israelitas a Canaán.

> *Nunca se apartará de tu boca este libro de la ley, sino que de día y de noche meditarás en él, para que guardes y hagas conforme a todo lo que en él está escrito; porque entonces harás prosperar tu camino, y todo te saldrá bien.*   (Josué 1:8)

Daniel sabía cómo meditar en las partes de un sueño hasta que Dios le revelara el significado. El rey Nabucodonosor recibió un sueño y buscó su interpretación. Angustiado porque sus propios sabios y magos no podían entender el sueño, le pidió a Daniel que declarara la interpretación. Cuando Nabucodonosor le narró el sueño, ¿cómo reaccionó Daniel?

> *Entonces Daniel, cuyo nombre era Beltsasar, **quedó atónito casi una hora**, y sus pensamientos lo turbaban.*
> (Daniel 4:19)

Después de meditar en el sueño por una hora, Daniel finalmente llegó a una interpretación. Estuvo atónito por una hora. Los sinónimos para atónito incluyen: desconcertado, confundido, perplejo, sorprendido y asombrado. Daniel no entendió el sueño inmediatamente. La Escritura describe el don o habilidad inusual de Daniel en el siguiente pasaje:

Por cuanto fue hallado en él mayor espíritu y ciencia y enten-
dimiento, para interpretar sueños y descifrar enigmas y resol-
ver dudas; esto es, en Daniel, al cual el rey puso por nombre
Beltsasar. Llámese, pues, ahora a Daniel, y él te dará la inter-
pretación. (Daniel 5:12)

Examinemos brevemente el término "resolver dudas". Algunas veces la revelación viene exactamente de esta forma a lo largo de un período de tiempo.

Cuando era niño, el azúcar venía en cubitos. Muchas veces, mi madre y la vecina de al lado disfrutaban de una taza de café o té juntas. Casi siempre me sentaba con ellas y observaba cómo se disolvían sus cubitos de azúcar. Cuando mi mamá echaba los cubitos en las tazas de té caliente, yo no podía notar ningún cambio al principio. Entonces, cuando mi mamá revolvía su té, los cubitos se hacían cada vez más pequeños gradualmente. En unos minutos, de disolvían completamente.

Es exactamente así como viene la revelación. Estudie una parte del sueño o medite en el significado de un símbolo. Piense, investigue y medite en ello continuamente. Mientras usted lo examina desde cada ángulo, el misterio de su significado se disuelve gradualmente. Finalmente, su entendimiento se hace claro y completo. La experiencia aumenta su habilidad para recibir revelación en esta forma.

Mientras usted estudia y medita en cada parte, sea como un buen reportero de un periódico. Comience a hacerse las siguientes preguntas:

1. ¿Por qué esa parte está en el sueño?

2. ¿Qué podría representar?

3. Si tomo esa parte como un símbolo, ¿con qué lo puedo relacionar?

4. ¿Dónde ocurrió el sueño?

5. ¿Por qué me comporté de esa manera?

Cuando usted use este método para repasar sus sueños escritos, comenzará a entender lo que Dios le está diciendo. Recuerde las palabras sabias de Salomón: *"Gloria de Dios es encubrir un asunto; pero honra del rey es escudriñarlo"* (Proverbios 25:2).

El método número dos, estudiar y meditar en las partes de su sueño, le puede ayudar a recibir toda o parte de la interpretación. Aun después de agotar estos dos primeros métodos, usted puede usar otro recurso que muchas veces revela el misterio de su sueño. Veamos esta tercera forma de revelación.

Relacione el sueño con su vida

Puede ser que usted no reciba revelación usando los dos primeros métodos. Si es así, repase el sueño y relaciónelo con su vida. Considere las otras maneras en que Dios le está hablando. Uno de los discípulos de Jesús usó este método para descifrar una inquietante visión que vino a él mientras oraba y que lo había dejado perplejo.

[Pedro] *vio el cielo abierto, y que descendía algo semejante a un gran lienzo, que atado de las cuatro puntas era bajado a la tierra; en el cual había de todos los cuadrúpedos terrestres y reptiles y aves del cielo. Y le vino una voz: Levántate, Pedro, mata y come. Entonces Pedro dijo: Señor, no; porque ninguna cosa común o inmunda he comido jamás. Volvió la voz a él la segunda vez: Lo que Dios limpió, no lo llames tú común. Esto se hizo tres veces; y aquel lienzo volvió a ser recogido en el cielo. Y mientras Pedro estaba perplejo dentro de sí sobre lo que significaría la visión que había visto, he aquí los hombres que habían sido enviados por Cornelio, los cuales,*

preguntando por la casa de Simón, llegaron a la puerta.
(Hechos 10:11–17)

El último versículo muestra que Pedro no entendió la visión cuando la recibió al principio. Su revelación llegó cuando él vio una serie de eventos desarrollarse después de la visión. El Espíritu Santo le dio instrucciones explícitas:

Y mientras Pedro pensaba en la visión, le dijo el Espíritu: He aquí, tres hombres te buscan. Levántate, pues, desciende y no dudes de ir con ellos, porque yo los he enviado.
(Hechos 10:19–20)

Pedro descubrió que esos hombres fueron enviados por Cornelio, un gentil temeroso de Dios. Pedro y algunos hermanos les acompañaron hasta Cesarea para llevar el evangelio a todos los que se reunieron en el hogar de Cornelio. Sin embargo, antes de que Pedro llegase, el significado de la visión se aclaró.

[Pedro] *les dijo: Vosotros sabéis cuán abominable es para un varón judío juntarse o acercarse a un extranjero; pero a mí me ha mostrado Dios* **que a ningún hombre llame común o inmundo.**
(Hechos 10:28)

Muchos gentiles creyeron antes de que Pedro terminara la predicación. El don del Espíritu Santo se derramó sobre todos los que oyeron las palabras de Pedro, lo cual sorprendió a los judíos que le habían acompañado. Pedro solamente pudo preguntar: *"¿Puede acaso alguno impedir el agua, para que no sean bautizados estos que han recibido el Espíritu Santo también como nosotros?"* (Hechos 10:47).

Al principio, Pedro no entendió la visión. Sin embargo, mientras se desarrollaron los eventos durante los próximos tres días, la visión tuvo sentido para Pedro. Su visión se relacionaba con los eventos que ocurrirían después. Al observar estos eventos y poner todas las partes juntas, ¡Pedro recibió la revelación!

Unos años después de comenzar en el ministerio a tiempo completo, soñé que estaba conduciendo mi auto por la autopista. Mientras viajaba, noté que el auto delante de mí viró hacia otra autopista. Me sentí impulsado a seguirle, así que yo también viré. Entonces, después de haber recorrido un poco más de camino, viró hacia una autopista. De nuevo me sentí impulsado a seguirle, así que volví a virar. Él detuvo su auto y se bajó. Yo detuve mi auto y me bajé. Al salir, observé un edificio escolar pequeño. Había gente reunida alrededor de la puerta del frente de esa nueva escuela para una ceremonia de apertura. Mientras los observaba, pensé que Dios deseaba que yo abriera una escuela.

Daniel pudo haber estado atónito por una hora, y Pedro pudo haber pensado en lo que significaba su sueño, pero no se pueden comparar con lo que me sucedió a mí. No tenía idea de lo que el sueño podría significar. ¿Debía yo abrir una escuela? ¿Cómo podía ser posible? Yo viajaba en mi ministerio con frecuencia. ¿Cómo podría dirigir una escuela? Seguí el mismo consejo que le he dado a usted. Simplemente escribí el sueño, lo feché, y seguí viviendo como de costumbre.

Mi esposa y yo éramos miembros de una iglesia que dirigía una escuela cristiana, y nuestras dos hijas eran alumnas de la escuela. Unas dos semanas después de tener el sueño, el pastor hizo un anuncio por sorpresa durante el servicio del domingo en la mañana. Él dijo: "Por favor, oren por nuestra escuela cristiana. No sabemos si vamos a abrir de nuevo en el otoño. Cada vez que oramos sobre esto, parece que Dios nos da un 'No'".

Aun después de que el pastor anunciara eso, nunca lo relacioné con el sueño. Pasó otra semana. Mientras viajaba con un amigo por la autopista el sábado siguiente, recordé el sueño. De repente, me di cuenta de que el sueño encajaba en las circunstancias. ¡Teníamos que hacernos cargo de la escuela y dirigirla! Estaba seguro de que Dios estaba hablando. Cuando regresé del viaje a casa por la tarde, le dije a mi esposa: "¿Sabes qué?".

Ella simplemente respondió: "Lo sé; tenemos que hacernos cargo de la escuela". ¡Dios ya le había hablado! Pronto, Dios me dirigió a comprar un terreno y construir un edificio. Entonces mi esposa tuvo un sueño en el cual nuestro pastor conducía un camión en reversa hacía donde ella estaba, y descargaba todo el equipo necesario para la escuela: pupitres, escritorios, libros y todo lo demás.

Mientras orábamos sobre el sueño, el Señor parecía decir: "Él les va a entregar la escuela, con llave y candado". Cuando fuimos al pastor y compartimos lo que habíamos estado escuchando de parte de Dios, él nos dio todo lo necesario para dirigir la escuela —los materiales, los libros, los pupitres—, incluso la cuenta corriente. El Señor nos dirigió al terreno y al edificio. Además, Él trabajó rápidamente para que pudiéramos abrir en el otoño. La escuela ha operado exitosamente por más de diez años.

Cuando recibí el sueño al principio, no lo entendí. Esto es muy bíblico, como podemos ver en la experiencia de Pedro. Luego, según se desarrollaron los eventos, la interpretación se me hizo clara.

Usted entenderá un alto porcentaje de sus sueños usando este método. Por eso es importante repasar sus sueños regularmente. Yo trato de leer mis sueños escritos por lo menos una vez a la semana. Usualmente, repaso los sueños más recientes de un mes o dos. Ocasionalmente, repaso los sueños que he tenido en los últimos seis meses o hasta un año. Echando un vistazo a mi cuaderno, puedo reconocer un sueño importante fácilmente. Entonces comparo mis escritos con lo que estoy experimentando.

Mis sueños muchas veces revelan dirección en varias áreas de mi vida, como mi ministerio, finanzas, salud, matrimonio, negocios, mi relación personal con Dios y otras áreas pertinentes de guianza. ¿Cómo me mantengo al tanto de la dirección que Dios me da? He aquí un consejo de organización que frecuentemente me da revelación adicional.

Cuando recibo un sueño que puede aplicarse a un área específica, simplemente escribo: "Ministerio", "Salud" o "Finanzas" al lado del sueño al margen del cuaderno. Después de recibir algunos sueños, hago una lista de estos temas generales en la cubierta interior del cuaderno. Entonces, numero cada página. Después, escribo el número de las páginas del sueño al lado del tema correspondiente. Este proceso me ayuda tremendamente cada vez que deseo revisar la dirección de Dios en un tema particular. Muchas veces recibo la revelación cuando repaso estos sueños semanas o meses después de haberlos tenido.

Repasemos estos tres métodos de interpretar sueños. Primero, divida el sueño en secciones. Entonces divida cada sección del sueño en partes pequeñas. Después, use los siguientes métodos para sacar todo lo que pueda del sueño:

1. Pregúntele a Dios lo que significa cada parte.

2. Hágase preguntas sobre cada parte del sueño.

3. Relacione el sueño con sus circunstancias.

"¿No son de Dios las interpretaciones?" (Génesis 40:8). Sí, lo son. Estos tres métodos bíblicos le ayudarán a recibir interpretaciones de Dios para que usted pueda beneficiarse de su dirección. Las verdades espirituales son excitantes, ¿verdad? Para ayudarle a interpretar sus sueños, vayamos al próximo capítulo donde descubriremos algunos símbolos comunes: el lenguaje del Espíritu Santo para comunicarse con nosotros en los sueños.

Nos hemos equipado con equipo de seguridad.

Hemos recibido las llaves para abrir la puerta principal de entrada. Hemos dado pasos en orden para viajar en esta tierra nueva.

A medida que explore las regiones aparentemente infinitas en este mundo, usted será confrontado con diferentes obstáculos y barreras. Necesitará identificar cada uno para que pueda tomar las curvas apropiadamente y seguir adelante. En el siguiente capítulo encontrará una guía que le será de mucha ayuda cuando alcance este nivel de exploración.

¿Procedemos?

6

SÍMBOLOS: EL LENGUAJE DE LOS SUEÑOS

Hemos hecho un amplio recorrido de este vasto terreno: el mundo de los sueños. Sin embargo, todavía nos queda un área más por cubrir antes de terminar nuestro recorrido. Esta área es donde se encuentran los símbolos; y encontraremos toda clase de ellos.

El hecho de que Dios usa símbolos para comunicarse con el hombre seguramente no sorprenderá a nadie que haya leído la Biblia. Los profetas y patriarcas del Antiguo Testamento frecuentemente oían a Dios de esta forma. Dios les daba una visión o un cuadro de algo, y entonces les revelaba el significado del cuadro o el símbolo para que tuvieran la interpretación. Veamos algunos ejemplos:

> Me enseñó así: He aquí el Señor estaba sobre un muro hecho a plomo, y en su mano una plomada de albañil. Jehová entonces me dijo: ¿Qué ves, Amós? Y dije: Una plomada de albañil. Y el Señor dijo: He aquí, yo pongo plomada de albañil en medio de mi pueblo Israel; no lo toleraré más.   (Amós 7:7–8)

> Así me ha mostrado Jehová el Señor: He aquí un canastillo de fruta de verano. Y dijo: ¿Qué ves, Amós? Y respondí: Un canastillo de fruta de verano. Y me dijo Jehová: Ha venido el fin sobre mi pueblo Israel; no lo toleraré más.   (Amós 8:1–2)

> De nuevo alcé mis ojos y miré, y he aquí un rollo que volaba. Y me dijo: ¿Qué ves? Y respondí: Veo un rollo que vuela, de

veinte codos de largo, y diez codos de ancho. Entonces me dijo: Esta es la maldición que sale sobre la faz de toda la tierra; porque todo aquel que hurta (como está de un lado del rollo) será destruido; y todo aquel que jura falsamente (como está del otro lado del rollo) será destruido. (Zacarías 5:1–3)

Entonces respondió José a Faraón: El sueño de Faraón es uno mismo; Dios ha mostrado a Faraón lo que va a hacer. Las siete vacas hermosas siete años son; y las espigas hermosas son siete años: el sueño es uno mismo. (Génesis 41:25–26)

Usted ve el patrón, ¿verdad? Dios da un símbolo seguido por su interpretación. Dios escoge el símbolo que desea usar, y nosotros tenemos que pedirle la interpretación del símbolo. Símbolo e interpretación; ¿verdad que no es tan complicado?

Cuando mis hijas estaban en el primer grado, participaban en "muestra y explica". Cada estudiante llevaba un objeto a la escuela para mostrar a sus compañeros de clase. Mientras enseñaba el objeto, lo explicaba a los demás niños. Cada niño seleccionaba algo diferente para mostrar y hablar sobre eso. Un niño llevó un hámster; otro niño llevó su juguete favorito. Dios usa este método simple de comunicación para hablarnos incluso en la actualidad.

Recuerde este principio importante: "muestra y explica" es el lenguaje simbólico de sus sueños. Jesús usó este principio continuamente cuando enseñaba. Cuando explicó sobre la fe, lo hizo refiriéndose a semillas de mostaza, higueras y montañas. Todavía Dios opera de esta forma. Él no ha cambiado.

Aumente su vocabulario

Cuando era un adolescente, pasé un verano en México con mi tía y dos primos. Me sentí muy raro al encontrarme en un nuevo ambiente donde la mayoría de la gente hablaba español, un lenguaje totalmente desconocido para mí. Tuve que aprender un segundo idioma palabra por palabra. A veces practicaba la asociación durante la cena para aprender palabras nuevas. Por ejemplo, cuando alguien pedía la mantequilla, yo observaba y escuchaba. Gradualmente asocié la palabra *butter* en inglés con la palabra "mantequilla". Aumenté mi vocabulario palabra por palabra hasta que pude identificar todos los objetos en la mesa con sus nombres correspondientes en español.

Lo mismo sucede cuando usted comienza a entender el lenguaje simbólico de los sueños; debe desarrollar su vocabulario símbolo a símbolo. Aunque usted reciba un sueño que parezca bastante fácil de entender, muchos de sus sueños pueden parecer confusos. ¡No se desanime! Con el tiempo y la experiencia, los más complejos se hacen más fáciles de interpretar. A medida que su vocabulario simbólico aumente, su habilidad para entender sus sueños mejorará.

Mientras usted reflexione sobre sus sueños para aprender el significado de los símbolos, necesita considerar otro factor. El Espíritu Santo muchas veces usa un símbolo conocido que usted ha visto en sueños anteriores. Esto facilita el discernir la interpretación. Suponga, por ejemplo, que una persona perezosa y lenta aparece en mi sueño. Entonces, después del sueño, me encuentro luchando con la falta de motivación. Llego a la conclusión de que el sueño me avisó de antemano sobre la lucha que iba a tener.

Vamos a suponer que unos meses después, sueño con esa misma persona. Sueño que él está conduciendo mi auto y yo estoy sentado en el asiento del pasajero. Por mi experiencia anterior, tengo una buena idea del significado de este sueño.

1. Aprendí que mi auto con frecuencia simboliza mi vida.

2. Aprendí que la persona en particular simboliza pereza o falta de motivación.

3. Esa persona está conduciendo (o controlando) mientras yo soy el pasajero.

Mi vocabulario de símbolos, desarrollado al comparar mis sueños anteriores con otras experiencias subsecuentes, me ayuda a discernir la interpretación de nuevos sueños mucho más rápidamente. Mi docilidad para aprender, el tiempo y la experiencia, desarrollaron mi habilidad. Mi vocabulario está creciendo cada vez más, y estoy continuamente llegando a tener más fluidez en el lenguaje de los sueños. Usted puede desarrollar esta misma destreza.

De la misma manera que usted perfecciona un idioma extranjero incorporando cada vez más palabras, debe perfeccionar el lenguaje de sus sueños símbolo a símbolo. Cada vez que usted aprende un símbolo nuevo con su correspondiente significado, aumenta su habilidad para interpretar sueños. Su destreza es cada vez mejor, y usted puede mejorarla con diligencia. Entenderá sus sueños más rápidamente porque reconoce los símbolos que aparecen en sus sueños repetidamente.

Reconozca los significados múltiples

Interpretar sueños no es siempre tan simple como nos gustaría que fuera. Algunas veces los símbolos tienen significados múltiples. Tal vez, la mejor forma de explicar este principio es usando otro ejemplo.

Años atrás, cuando era un recién convertido, soñé con el pastor de mi iglesia. En el sueño, yo estaba en el asiento del pasajero de un auto y él estaba detrás del volante. Mientras conducíamos por la autopista, su rostro se cambió al rostro de un viejo amigo; entonces volvió a cambiarse al rostro del pastor. Después de despertar, y de pedirle a Dios la interpretación, recordé que mi viejo amigo era ahora un profesor universitario. El Señor me mostró que mi pastor iba a ser como un profesor universitario para mí. Dios usaría a ese hombre para enseñarme sus caminos. Eso resultó ser exactamente lo que el sueño significaba.

En este sueño, mi viejo amigo simbolizaba su ocupación. En un sueño anterior que ya le conté, el viejo amigo de un hombre simbolizaba un problema con el alcohol. Cada vez que usted sueñe con un viejo amigo, no significa que el sueño trate sobre la ocupación del amigo.

Las personas muchas veces malinterpretan un sueño de esta manera. Suponen que un símbolo siempre representa la misma cosa cada vez que aparece en un sueño. Dios puede usar un símbolo para representar lo mismo cada vez que aparece en sus sueños. Sin embargo, Él puede usar un símbolo para significar una cosa una vez, y otra cosa la próxima. De la misma forma que algunas palabra tienen más de un significado, algunos símbolos tienen significados múltiples.

En otras palabras, todos los símbolos no necesariamente representan la misma cosa cada vez que son usados. Usted no puede simplemente referirse a una lista de símbolos y sus significados y, *presto*, ¡ahí tiene su interpretación! ¡No!

Debemos darle al Espíritu Santo libertad para trabajar. Buscar y encontrar es una parte importante del proceso. Aunque interpretar algunos símbolos será repetitivo, seguir a Dios siempre conllevará buscar y encontrar.

Cómo usa Dios el simbolismo

Veamos algunos ejemplos en las Escrituras donde el mismo simbolismo se usa en diferentes formas. A Jesús se le conoce como *"el León de la tribu de Judá"* (Apocalipsis 5:5), pero el apóstol Pedro usa el mismo simbolismo para referirse al diablo. *"Vuestro adversario el diablo, como león rugiente, anda alrededor buscando a quien devorar"* (1 Pedro 5:8). La Escritura también dice: *"El justo está confiado como un león"* (Proverbios 28:1).

El Espíritu Santo usó los atributos de un león para simbolizar cosas diferentes. Por consiguiente, si usted usa una lista estricta de símbolos para interpretar sus sueños, puede frustrarse o equivocarse. Una lista no da lugar para que el Espíritu Santo se involucre en la interpretación. Pídale al Espíritu Santo que le dé revelación. Dios puede enseñarle ciertos símbolos y después usarlos repetidamente para comunicar el mismo significado.

Suponga que tiene un sueño sobre su hija. ¿Qué puede estarle diciendo Dios?

1. Dios puede estar hablándole sobre su hija. Su hija puede significar ella misma en un sueño.

2. Su hija puede representar algo más. Puede significar algo que se está desarrollando en su vida, pero que no está completo o maduro todavía. Ella puede significar su ministerio, su negocio, su salud, su matrimonio o muchas otras cosas.

Tenga cuidado con la persona que siempre ofrece una respuesta rápida para el significado de los sueños. Aquellos que dan interpretaciones instantáneas casi siempre están equivocados en sus conclusiones Cuídese de no llegar a conclusiones propias con respuestas simples y fáciles de los símbolos usados por el Espíritu Santo en un sueño.

Aunque algunos sueños son más fáciles de interpretar que otros, nadie puede recibir interpretaciones rápidas para todos los sueños inmediatamente. Las interpretaciones con frecuencia requieren tiempo, además de requerir buscar y encontrar. ¿Se acuerda del principio que discutimos anteriormente?

*Gloria de Dios es **encubrir** un asunto; pero honra del rey es* **escudriñarlo.** (Proverbios 25:2)

Mientras está tratando de oír a Dios en sueños y en otras formas en que Él podría hablarle, descubrirá que este principio es cierto. El escuchar a Dios siempre implica buscar y encontrar.

Vamos a hablar de una serie de símbolos que he aprendido a través de los años. El repasarlos puede ayudarle a resolver algunos de los misterios de sus sueños. No use estos símbolos como un diccionario. Sus significados no tienen una definición preconcebida o una interpretación particular. Son simplemente ejemplos que pueden darle algún indicio del significado de su sueño.

Recuerde que algunos símbolos se ajustarán fácilmente a patrones previos y se prestarán a una interpretación fácil. No establezca reglas estrictas sobre los símbolos y sus significados. Permita que el Espíritu Santo haga su trabajo. Veamos algunos símbolos generales que pueden ayudarle a descubrir lo que Dios le está diciendo en los sueños.

Transportación

Ya hemos hablado de algunos ejemplos en que aparecieron vehículos en los sueños. Muchas veces, el Espíritu Santo usa un auto para representar su vida. Sus variaciones no tienen fin. Por ejemplo, usted puede soñar que mientras conducía, viró equivocadamente en una calle. Esto podría avisarle sobre una decisión incorrecta. Virar a la derecha puede simbolizar una decisión correcta. Una carretera con curvas puede significar que hay cambios graduales más adelante.

¿Qué otras variaciones podría usar Dios? Usted puede soñar que se le desinfló una llanta, que conduce en reversa en lugar de ir hacia adelante, que está atascado en el lodo, o que va conduciendo por la autopista principal. Usted puede ir demasiado rápido o demasiado despacio, o incluso puede encontrarse en un accidente. Puede soñar que otra persona está conduciendo su auto o que alguien le está dando direcciones desde el asiento trasero. Aun el tipo de auto puede tener significado. ¿Estaba conduciendo un auto grande o compacto, un camión o autobús, o un auto extranjero? ¿Ve las muchas posibilidades? Estas variaciones podrían revelar cosas que están sucediendo o están por suceder en su vida.

En los primeros años de mi ministerio, viajaba a diferentes iglesias en una camioneta. Cuando soñaba con esa camioneta, el sueño casi siempre se refería al ministerio. Después, mi familia y yo viajábamos en una casa rodante. Pronto, la casa rodante comenzó a aparecer en mis sueños. Cuando soñaba con la casa rodante, el sueño casi siempre me daba dirección oportuna sobre el ministerio.

Más adelante en mi ministerio, vendí la casa rodante. Tuve dos o tres sueños que me dieron alguna información sobre la transacción. En estos sueños, la casa rodante realmente representaba la casa rodante, y no el ministerio. Por medio de la oración, Dios me ayudó a discernir la diferencia.

Una vez, soñé que iba en un Jeep con mi suegro. Él conducía por una montaña abrupta y empinada. Entonces salimos del Jeep y caminamos hacia un riachuelo precioso de agua clara donde disfruté de una bebida refrescante. En este sueño, Dios (representado por mi suegro) me llevó a través de cierto terreno abrupto para llevarme a un lugar refrescante en el Espíritu Santo (el riachuelo de aguas claras).

Después de orar sobre este sueño, descubrí que mi suegro representaba a Dios. Tal vez usted descubra que Dios será representado por su papá o su suegro en sus sueños también. La siguiente vez que soñé con mi suegro, tuve el presentimiento de que él representaba a Dios.

En ese sueño, viajábamos en un Jeep: un vehículo diseñado para el terreno abrupto. El paisaje y el vehículo predecían que tendría dificultades más adelante. Por cierto, después de ese sueño, Dios me llevó a través de varias pruebas.

Me sentí confiado sabiendo que mi suegro conducía y no yo. Por supuesto, eso significaba que Él estaba en control. Después de enfrentarme al terreno abrupto, me refresqué bebiendo de un riachuelo fresco en la montaña. Creo que ese sueño encaja en las experiencias de muchos otros que fueron llevados por lugares abruptos para encontrar a Jesús.

Las barcas pueden referirse a un canal para el Espíritu Santo. Si usted sueña que está viajando en una barca, el sueño puede estarle hablando sobre su caminar en el Espíritu Santo. Repito: Dios puede usar muchas variaciones. ¿Qué clase de barca está en su sueño: un bote de remos, de velocidad, un remolcador o un yate? ¿Está usted al timón o alguien más es quien dirige el barco? ¿Está usted amarrado al atracadero, rodando por los rápidos, o va a la deriva hacia el mar? Pídale a Dios que le ayude a entender los diferentes matices de significado.

Una vez soñé que viajaba en un barco de Beaumont, Texas, a México. Después del sueño, un pastor me invitó a visitar algunos misioneros en México. Ese fue el primero de varios viajes que hice. Mi sueño sobre el viaje a México por barco simplemente significaba que el Espíritu Santo me llevaba allí.

Agua

El agua puede que no siempre signifique lo mismo. Una vez soñé que no podía viajar porque el agua había inundado la carretera. En ese sueño, el agua no era un tipo del Espíritu Santo, sino algunas circunstancias que me obstaculizaban para alcanzar mi meta. Cuando enfrentaba obstáculos en mi vida, los sobrepasaba para cumplir con la voluntad de Dios.

Usted puede hasta recibir enseñanza en sus sueños. Una dama soñó con un esquiador de agua, un nadador y un submarinista. Cuando oraba sobre el sueño, recordó el versículo en la Escritura que habla sobre ser limpiados en el *"lavamiento del agua por la palabra"* (Efesios 5:26).

A medida que meditaba en el sueño, Dios le mostró que algunas personas son como el esquiador con respecto a su Palabra. Ellos aguantan la soga de remolque y dicen: "¡Adelante, pastor! Lléveme donde usted quiera". Esas personas echan un vistazo superficial a la Palabra y dejan que otros hagan el trabajo por ellos. Solamente tienen una relación superficial con Dios.

El nadador usaba su fuerza para avanzar en el agua. De la misma forma, algunos creyentes leen la Palabra y se esfuerzan por entenderla. Sin embargo, el submarinista exploraba las profundidades del lago. Aquellos que verdaderamente meditan y estudian la Palabra de Dios descubren una esfera completamente nueva que muchas personas nunca experimentan. Si usted sueña con agua, pídale al Espíritu Santo que le revele su significado particular.

Casa

Quizás usted ha estado buscando comprar una casa, y entonces sueña con una casa. ¿Quiere decir eso que el sueño es sobre la casa que usted va a comprar? No necesariamente. Dios puede hablarle simbólicamente si usted está comprando casa o no. De nuevo, debe pedirle la interpretación a Él.

Una casa puede significar varias cosas, inclusive su vida. Si la casa representa su vida, los diferentes cuartos pueden tener diferentes significados. El tamaño, la ubicación y el estilo de un cuarto pueden contribuir al significado que el Espíritu Santo está tratando de mostrarle. Examine el mantenimiento de su casa. ¿Están los cuartos desordenados, sucios, o necesitan reparación?

Si usted sueña con el segundo piso o la parte de arriba de una casa, el sueño puede referirse a su vida espiritual. Por lo general, el dormitorio se refiere a la parte íntima de su vida. Los bloques de cemento rajados o un sótano mojado pueden revelar problemas en el fundamento de la vida de una persona.

Lo crea usted o no, hasta el baño de una casa puede tener significado. Yo he soñado que estoy usando el baño, y finalmente me di cuenta de que el sueño me habló sobre una experiencia de limpieza espiritual por la que Dios me iba a llevar.

Todo pámpano que en mí no lleva fruto, lo quitará; y todo aquel que lleva fruto, lo limpiará, para que lleve más fruto.

(Juan 15:2)

¿Parece extraño que Dios use el ir al baño para demostrar una verdad espiritual? Si es así, lea el Antiguo Testamento. Dios puede ser muy gráfico.

Personas

Sus amigos, familiares y compañeros de trabajo frecuentemente aparecen en sueños. Aunque un sueño sobre una persona en particular puede ser sobre esa persona, los diferentes personajes en sus sueños usualmente son simbólicos. Dios puede usar personas para comunicar una variedad de cosas en los sueños. Entre otras cosas, ellas pueden representar:

1. Su posición (banquero, contador, policía, un amigo cercano, etc.)

2. Sus atributos personales (perezosa, inteligente, organizada, rica, pobre, etc.)

3. Sus nombres (tendrán nombres con significados en el sueño)

4. Su edad (persona madura, niño pequeño, etc.)

5. Ellos mismos (usted sueña con tía Sara, y el sueño verdaderamente es sobre tía Sara). Tenga cuidado aquí.

Tía Sara, por lo general, no representará a tía Sara. Si usted sueña con hermanos, hermanas, primos o sobrinos, el sueño puede referirse realmente a la familia de Dios. Algunas veces, su hermano puede representar a Jesús. Su mamá puede significar el Espíritu Santo. Su papá o suegro pueden simbolizar a Dios. En otras ocasiones, su hermano o hermana pueden ser ellos realmente.

La gente frecuentemente representa sus atributos. Su abuela puede significar su firmeza en el Señor, su amor o tal vez sus formas anticuadas. Cuando Kenneth Copeland o Kenneth Hagin aparecen en mis sueños, el Señor me está hablando acerca del nivel de mi fe.

Una vez, una dama se me acercó después de una de mis reuniones y me pidió ayuda con un sueño. Comenzó a relatarme su historia.

"Soñé que tenía un bebé en mis brazos, y lo sostenía hacia mi padre. Él tenía una mirada severa en su rostro como señal de su desaprobación. Sólo tres días después del sueño, mi hija soltera tuvo un bebé. Nosotros no sabíamos que estaba embarazada. No se había notado. ¿Qué podría significar el sueño?".

Decidí hacerle algunas preguntas. "¿Cómo era su padre en la vida real?", le dije.

"Oh, era muy severo, duro, y no perdonaba. Si alguna vez hice algo mal, nunca lo olvidó y nunca me perdonó", me contestó.

"¿Cuál fue su reacción cuando su hija le presentó al bebé?".

"Bueno, yo respondí de la misma forma en que mi padre lo hubiera hecho. Estaba enojada, y no quería perdonarla".

"Por medio del sueño, Dios la puso a usted en el lugar de su hija para recordarle cómo se siente estando del otro lado", le dije.

"Eso debe de ser correcto", me respondió. "Mi esposo me seguía diciendo que yo necesitaba ser más perdonadora y tolerante. Él tenía razón".

En este sueño en particular, el padre de la dama significaba los atributos de su padre. En este caso, el bebé representaba a un bebé. La clave para descifrar este sueño fue lo que la mujer había experimentado después de tener el sueño. Pudimos relacionar el sueño con la experiencia.

Dios puede hablarle aun por el nombre de alguien en su sueño. Cuando buscaba la dirección de Dios para programar mis compromisos de predicación, Él me dio un sueño. El personaje principal en realidad no existía; Dios lo había creado precisamente para el sueño. Su nombre era "Phil Monthly". Mediante ese nombre, Dios me indicó que llenase mi itinerario mensual con invitaciones para predicar durante un tiempo específico en mi ministerio.

Bebé

Cuando comience a oír de parte de Dios en los sueños, probablemente soñará con un bebé. Un bebé puede representar muchas cosas. La Biblia presenta a los nuevos cristianos como bebés. *"Desead, como niños recién nacidos, la leche espiritual no adulterada, para que por ella crezcáis para salvación"* (1 Pedro 2:2).

Un bebé también podría referirse a algo nuevo en su vida. Las posibilidades abundan. Si sueña que está embarazada, no compre ropa de maternidad hasta que haya buscado a Dios para obtener discernimiento. El sueño podría simplemente significar que algo nuevo está a punto de suceder en su vida.

En su sueño, un bebé no tiene que ser realmente un bebé. Incluso si usted es padre o madre y sueña con su bebé, el sueño puede o no referirse a su bebé. El Espíritu Santo puede usar bebés, aun el de usted, para comunicar diferentes cosas en diferentes ocasiones. Frecuentemente, un bebé simboliza algo en su etapa inicial. Busque a Dios para recibir la interpretación de Él. Aprenda a escucharle en otras formas, junte las piezas, y resuelva el rompecabezas.

Ropa, joyas y colores

La ropa que usted lleva puesta en un sueño puede, ciertamente, tener significado. Yo tengo una chaqueta muy elegante que me hace sentir muy confiado. Cuando esta chaqueta aparece en mis sueños, está hablando de la misma cosa: usar una imagen personal positiva. Otras ropas pueden representar su condición espiritual o en otro aspecto. Los accesorios, como una cartera o una billetera, usualmente se relacionan con sus finanzas.

Los zapatos que usted lleva en un sueño pueden ser un símbolo clave. ¿Le quedan bien los zapatos? ¿Qué clase de zapatos son: de vestir, de trabajar o botas de combate? ¿De qué color son? Los zapatos pueden representar su andar personal (su forma de vida) como sus normas, su conducta, etc.

Las joyas pueden tener varios significados. Las joyas exageradas pueden revelar la personalidad de una mujer, su conducta o su actitud. Un anillo de matrimonio puede hablar sobre su matrimonio. Un arete o pendiente puede referirse a oír o escuchar. Cualquier reloj, de pulsera o de cualquier otra clase, puede hablarle sobre el tiempo de Dios.

Kathy soñó con su hermana mayor, que era cristiana. En el sueño, Janice, que normalmente es conservadora en su vestir, llevaba ropa cara. Kathy se sorprendió al ver a Janice usando zapatos de tacón alto color morado, medias moradas y un vestido morado.

"No podía creer que hubieras gastado tanto dinero en un vestuario nuevo", le dijo Kathy. "Yo traté de conseguir esas ropas en todas partes, pero ninguna tienda las tenía. Finalmente te pregunté dónde las habías comprado. 'Fui a una reunión en la iglesia y nos enseñaron cómo vestirnos así', dijiste".

En este caso, la interpretación del sueño de Kathy es bastante clara. Janice llevaba ropa cara de color morado: el color de la realeza. El vestuario, como la vestidura de la salvación, no se podía comprar en ningún lugar en el mundo. Janice consiguió la de ella en la iglesia. Dios puede hablar a los no creyentes en sueños, pero usualmente es con respecto a buscar la salvación.

Usted podrá notar colores en su sueño. Dios usa colores para comunicar ciertos significados. El verde por lo regular se refiere a la vida. El rojo puede significar diferentes cosas, incluyendo la redención o la salvación. ¿No es esto apropiado ya que fuimos comprados con la sangre de Cristo? El azul algunas veces se usa en relación con el Espíritu Santo. El blanco representa la pureza, la santidad o la presencia de Dios. El anaranjado puede ser un aviso o un peligro.

Lugar

Al tratar de llegar a la interpretación de un sueño, pregúntese: "¿Por qué el sueño sucedió ahí?". Esta pregunta le puede proporcionar mucha revelación sobre el significado. El lugar del sueño usualmente tiene significado. Por ejemplo, si usted sueña que está en un puente, esto puede referirse a una transición en su vida.

¿Ha soñado alguna vez con la ciudad, pueblo o casa donde usted nació? Yo nací en un pueblito en Louisiana llamado Hornbeck. Ocasionalmente, sueño que estoy en Hornbeck. Después de soñar con Hornbeck por varios años, finalmente me di cuenta de su significado. ¿Por qué algunos de mis sueños sucedían ahí? Cada vez que soñé con Hornbeck, el sueño se relacionaba con algo que estaba en sus etapas iniciales. Hornbeck resultó ser una ubicación bastante apropiada; ¡allí fue donde todo comenzó!

Cuando Hornbeck aparece en mis sueños, me doy cuenta de que el sueño se refiere a algo en sus etapas iniciales. Examino mi vida para encontrar el comienzo de un nuevo proyecto o actividad. Añadir este nuevo símbolo a mi vocabulario me ayuda a entender sueños futuros que puedan incorporar el mismo símbolo. Cada vez que esto sucede, se amplía mi habilidad para entender el lenguaje simbólico del Espíritu Santo.

Si usted sueña que está en la escuela o universidad, Dios puede estar hablándole sobre una experiencia educativa. Una noche, yo soñé que estaba en un salón de clases y que iba a tomar un examen. Efectivamente, Dios me avisó sobre una prueba en mi vida que yo estaría confrontando, aunque no una prueba académica. Si Dios le dice que viene una prueba, ojalá que usted esté preparado.

Su iglesia puede ser un símbolo de la iglesia de Dios, el cuerpo de Cristo. Su iglesia puede representar su vida espiritual. Un sueño donde usted está en un hospital puede referirse a cirugía espiritual o sanidad que Dios está realizando en su vida. Descubrirá que estudiar sus sueños y recibir revelación en el significado de algunos de los símbolos es excitante.

Deportes

Si usted es un ávido fanático de los deportes —y aun si no lo es—, Dios puede hablarle en términos deportivos. Muchas veces el golf aparece en mis sueños, y frecuentemente me da dirección sobre mi vida. Si estoy usando un hierro ocho o nueve o un hierro corto en el sueño, por lo general se refiere a mi etapa de completar un proyecto. Los jugadores usan estos palos cuando se acercan al green. Si estoy usando uno de madera, el sueño muchas veces se refiere al comienzo de un proyecto. Un *putter* puede significar su fin.

Examine las diferentes partes de su sueño. El deporte en sí puede tener gran significado. ¿Está jugando un deporte en equipo, o está compitiendo como individuo? ¿Está en el campo de juego o sentado en la banca? ¿Cuánto tiempo queda en el juego? ¿Es usted la estrella en la serie del campeonato, o la excusa para la pérdida de su equipo? Mire su equipamiento y su uniforme para encontrar otras claves.

La pista tiene muchas analogías espirituales interesantes. ¿Está usted saltando por encima de los obstáculos? ¿Ha dejado caer la batuta en el equipo de relevos? ¿Es un corredor de corta o larga distancia? ¿Está corriendo en una superficie plana o variada? Pídale a Dios que le dé discernimiento mientras usted analiza las diferentes partes de su sueño.

Fumar, beber y comer

Cuando soñé con alguien que fumaba un cigarro, casi lo rechacé como si no tuviera valor espiritual. Sin embargo, después me di cuenta de que el cigarro era un símbolo significativo. La persona en el sueño se había apartado de su relación con Dios, y los afanes y la influencia del mundo habían comenzado a atraerlo. El fumar cigarros y cigarrillos o beber alcohol muchas veces representa el espíritu del mundo.

Una vez soñé que me di un trago de whiskey antes de comenzar un proyecto. Al principio pensé que Dios me había avisado sobre la influencia del mundo. Sin embargo, a través de experiencias subsecuentes, Dios me mostró que tomar un trago de whiskey representó que me hiciera valiente. ¿Alguna vez ha visto una película donde un vaquero toma un trago de whiskey para tener valor? El significado era estrictamente simbólico. ¡Dios no quería que yo tomara whiskey!

Una noche soñé que estaba bebiendo kétchup. Quería echarle la culpa de mi extraño sueño a la pizza que había comido la noche anterior, pero aun así le pedí a Dios una revelación. Dios simplemente me dijo que yo estaba atrasado en algunas áreas y necesitaba ponerme al día.

Comer puede ser un símbolo del alimentarse de la Palabra de Dios, especialmente si sueña con carne o pan. Las frutas pueden referirse al fruto del Espíritu o a dar fruto. Comer pastel puede significar que vienen algunas bendiciones de camino. Si está comiendo veneno, puede significar un aviso de que está leyendo o escuchando algunas opiniones malsanas o alguna doctrina errónea.

Comer también puede simbolizar comunión, fraternidad o compartir con alguien más. Esto encaja con la visión de Pedro en Hechos 10 cuando Dios le indicó que comiese animales inmundos. Pedro finalmente entendió el simbolismo y comenzó a confraternizar con los gentiles. Si hubiese tomado la visión literalmente, Pedro habría tratado de encontrar un restaurante que sirviera chuletas de cerdo cuando Dios deseaba que él ministrara a los gentiles.

Animales

Puede ser que aparezcan animales en sus sueños, y tienen toda clase de posibles significados. Piense en sus características principales. Las mulas resisten a sus dueños obstinadamente. Las tortugas se meten dentro de su casco y viajan lentamente. El castor es trabajador. Los conejos se reproducen rápidamente. ¿Dónde están estos animales en su sueño: corriendo libres, en una jaula o atrapados?

La serpiente, por supuesto, puede avisarle sobre algo maligno. La Escritura muestra que una serpiente es un tipo del diablo. (Véase Génesis 3). Las ardillas en mis sueños muchas veces significan actividad demoníaca. Esto también puede ser cierto si usted sueña con arañas, escorpiones y otras criaturas.

Su propio animal doméstico puede aparecer en sus sueños. Dios le puede hablar sobre la fidelidad, la lealtad, y otras cosas. No limite a Dios. Pídale que le muestre lo que le está diciendo.

Una paloma puede ser un tipo del Espíritu Santo. ¿Recuerda el bautismo de Jesús? "*Y Jesús, después que fue bautizado, subió luego del agua; y he aquí los cielos le fueron abiertos, y vio al Espíritu de Dios que descendía* **como paloma**, *y venía sobre él*" (Mateo 3:16).

Tiempo atmosférico

Probablemente usted está muy familiarizado con las tormentas de la vida. Una vez, yo soñé que venía una tormenta. Soplaron algunas circunstancias adversas en mi vida, pero ya había sido avisado. Dios no solamente me llevó a través de esas circunstancias, sino que fue muy considerado al decirme por adelantado que venían pruebas.

Algunos podrían preguntar: "Si sabía que la tormenta venía, ¿por qué no oró para que se fuera o la reprendió como hizo Jesús?". Esa es una buena pregunta. A veces, Dios nos avisa de algo que viene para que podamos evitar la situación. Dios avisó a José sobre la orden de Herodes de matar todos los niños varones en Belén.

Un ángel se le apareció a José en un sueño y le dijo que huyera a Egipto con María y Jesús.

El aviso que José recibió le ayudó a evitar el peligro inminente. Sin embargo, este no fue el caso de José en el Antiguo Testamento. Aunque Dios avisó a Faraón del hambre que venía, aun así tuvo que pasar por esa situación. Sabiamente, Faraón se preparó para la escasez que su nación estaba a punto de atravesar.

Cuando Dios le avisa de una tormenta o mal tiempo, Él quiere que usted sepa lo que va a suceder. Entonces usted puede atravesar la tormenta sin recibir daño. Uno no puede tomar la ruta sencilla y crear una regla específica. Cada situación es diferente. Dios puede avisarle de una tormenta de manera que usted pueda ordenarle que se retire, como hizo Jesús. Debemos permitir que el Espíritu Santo se involucre personalmente en la interpretación de los sueños y en la forma en que debemos responder.

Además del tiempo tormentoso, Dios puede usar otros pronósticos de tiempo para hablarle. Usted puede ir a través de un lugar frío o seco que sea un paralelismo de su condición espiritual. Una nube oscura puede avisarle de circunstancias que podrían conducir a la depresión. Dios puede usar el tiempo atmosférico y el pronóstico para hablarle en diferentes formas. Yo prefiero soñar con cielos azules y la luz del sol, ¿y usted no?

Música y cánticos

Algunas veces, la música representa música, y a veces representa otras cosas. Una vez soñé que estaba cantando en armonía con un hombre y su esposa. Nuestras voces armonizaban preciosamente. Al principio, yo pensé que el sueño significaba que cantaríamos juntos. Eso nunca sucedió, pero Dios desarrolló una fuerte amistad entre nosotros. Esta pareja y yo nos llevamos maravillosamente, nos movemos en unidad y trabajamos juntos muy bien.

El cantar en armonía representaba estar en armonía el uno con el otro.

A veces, cuando me despierto de un sueño, escucho un verso de un cántico. Cada vez que esto me ha sucedido, las palabras fueron un factor importante para la interpretación del sueño. El cántico no tiene que ser uno espiritual, tampoco. Usualmente, lo he escuchado anteriormente y lo conozco. De alguna manera, Dios repasa los miles de cánticos que he escuchado durante mi vida y selecciona el verso perfecto que encaje en el sueño, dándome una clave importante sobre la interpretación.

¿Cómo es que Dios hace esto? No sé. Esto no sucede todo el tiempo, pero cuando sucede, me ayuda a interpretar el sueño. Los pensamientos pueden pasar por su mente sin que usted se dé cuenta. Escuche cuidadosamente para detectar las direcciones sutiles del Espíritu Santo. Estas direcciones frecuentemente están presentes, pero debemos estar pendientes para escucharlas.

Otros símbolos

Una vez soñé que bajaba por una escalera muy larga y entonces volví a subirla. Como sucede con muchos de mis sueños, no entendí el significado de los escalones hasta que pasé algunas experiencias que encajaron en el sueño. Esos escalones representaban la preparación que necesitaba para manejar un trabajo que Dios me quería dar. Los escalones que descendían simbolizaban experiencias negativas con las que me encontraría. Los escalones ascendentes eran las soluciones que desarrollé para manejar esos problemas o para prevenir que volvieran a ocurrir. Creo que la escuela de administración de Dios siempre incluye algunos escalones. Estos escalones finalmente le preparan para manejar el trabajo con habilidad.

El cabello puede tener algunos significados interesantes en sus sueños. En el Antiguo Testamento, el cabello de Sansón representaba su unción de fortaleza y poder. (Véase Jueces 16). En el Nuevo Testamento, el cabello puede representar la cubierta espiritual de una persona. (Véase 1 Corintios 11:15).

El cabello también puede tener otros significados en los sueños. Una vez soñé con la hija de un ministro amigo mío. En el sueño, su hija lucía un estilo de cabello muy profesional, como el que usted puede ver en una mujer de negocios. Mientras oraba, sentí que el sueño era realmente sobre la hija de mi amigo. Lo llamé y le conté el sueño. Por cierto, encajó. Su hija había estado orando sobre matricularse en la universidad en un programa de negocios para estudiar una carrera profesional. El sueño, además de otros incidentes, confirmó la dirección de Dios para su vida. Su estilo de cabello simbolizaba su preparación para una carrera profesional.

Sus dientes pueden referirse a sus palabras. Si usted sueña que tiene problemas dentales, el sueño puede revelarle su tendencia a decir las cosas que no debe. Examínese y vea si necesita guardar su conversación de la murmuración, el chisme o las quejas.

Una llave puede simbolizar un principio fundamental o un factor importante en una situación. Puede representar la clave para la solución. Los soldados, los ejércitos y la guerra obviamente se refieren a la guerra espiritual o a estar en una batalla.

No le he enseñado cada símbolo que existe en el mundo de los sueños. Son demasiado numerosos. Aun si pudiera enseñarle cada uno, no lo haría. Ahora que usted ha recibido suficiente instrucción para negociar con seguridad dentro y fuera de este terreno, no sería correcto que yo hiciera más. Le robaría el gozo de sus propios descubrimientos mientras usted busca las aventuras de Dios en los sueños.

Antes de despedirnos, unas cuantas instrucciones breves serían adecuadas. Entonces, creo que estará listo para viajar solo en este mundo. También quiero contestar cualquier pregunta que usted pueda tener. Procedamos hacia la puerta principal de entrada mientras dialogamos, ¿está bien?

7

REUNIENDO TODO

Hemos presentado salvaguardas, métodos de interpretación y el simbolismo en el mundo de los sueños. Ahora usted tiene todo el equipo necesario para sus propias expediciones. Pero antes de embarcar en su viaje inicial, recorramos algunos de mis sueños previos.

En este capítulo, voy a extraer varios sueños de los cuadernos que he mantenido a través de los años. Describiré los sueños exactamente como los recibí, cambiando solamente los nombres de los individuos. También compartiré lo que estaba sucediendo en mi vida cuando tuve los sueños. Usted verá cómo reúno todos estos principios para llegar a interpretaciones correctas. A través de los sueños dados por Dios, he recibido dirección provechosa y muy oportuna. Si usted sigue los ejemplos en este capítulo, se beneficiará de sus viajes al mundo de los sueños.

Reconozca el tiempo de Dios

Algunas veces, Dios me da un sueño cuando estoy muy preocupado por una situación particular. De hecho, este es un factor importante. Muchas veces Dios le visitará con sueños que se relacionan con los problemas que usted está afrontando. Esto le sucedió a José, el padre terrenal de Jesús.

*El nacimiento de Jesucristo fue así: Estando desposada María su madre con José, antes que se juntasen, se halló que había concebido del Espíritu Santo. José su marido, como era justo, y no quería infamarla, quiso dejarla secretamente. **Y pensando él en esto**, he aquí un ángel del Señor le apareció en sueños y le dijo: José, hijo de David, no temas recibir a María tu mujer, porque lo que en ella es engendrado, del Espíritu Santo es.*

(Mateo 1:18–20)

Dios le dio el sueño a José en el momento que él estaba preocupado por el embarazo de María. A veces, Dios envía los sueños cuando usted está batallando con un problema. La ocasión en que Dios le envía el sueño puede ser una indicación de su propósito al enviarle ese sueño. Esté a la expectativa de que Dios le dé consejo y dirección sobre una situación que le está perturbando.

En el momento de este sueño en particular, mi trío musical evangelístico estaba preparándose para grabar un disco. Habían pasado muchos meses desde que habíamos grabado el último álbum. Habíamos practicado los cantos. El dinero para cubrir los gastos de producción había llegado. Todo estaba listo.

Sin embargo, yo tenía dudas en cuanto a invertir el dinero en ese álbum. Una de las cantantes del grupo estaba teniendo algunos problemas personales en su caminar con el Señor. A causa de su condición espiritual, mi mente estaba llena de preguntas y dudas. ¿Qué sucedería si hacíamos el álbum y después el trío se separaba? Aunque esta cantante se fuera justamente después de que hiciéramos el álbum, y encontráramos a alguien que la reemplazara, nuestro nuevo trío no reflejaría la foto de la carátula del álbum. ¿Debería tratar de encontrar a alguien que reemplazara a esa cantante antes de hacer el álbum?

Verdaderamente, necesitaba oír de parte de Dios para tomar esa decisión.

Mi sueño y su interpretación

Al igual que José, mientras pensaba en estas cosas recibí un mensaje en un sueño. Esto es exactamente lo que sucedió. Me desperté alrededor de las 2:30 de la madrugada, pero no recordé haber soñado. Frustrado por haberme despertado, sabía que probablemente no podría volverme a dormir enseguida. Pasé una o dos horas dando vueltas de un lado para el otro en la cama. Cuando finalmente me dormí, el sueño era mucho más ligero que anteriormente. Como frecuentemente sucede durante esta etapa de sueño ligero, tuve un sueño. Me desperté inmediatamente después de recibirlo. Lo recordé con muy poco esfuerzo y lo escribí. He aquí las palabras exactas en mi cuaderno:

Nuestro trío está a punto de cantar en un auditorio. La cantante número 1 y yo estamos en el escenario. Todos los micrófonos y el equipo están preparados. La cantante número 2 está sentada en una mesa cercana. Tiene rulos en su cabello. Su mamá está de pie detrás de ella arreglándole el cabello. Mi mamá y mi papá están sentados cerca en otra mesa. Ambos están mirándome. Mi papá tiene sus brazos cruzados y está moviendo su pie impacientemente, como diciendo: "Estoy esperando que empieces".

Ese es el sueño tal y como ocurrió. Trabajemos en la interpretación. Como este sueño contiene solamente una sección, simplemente lo dividiremos en partes y estudiaremos cada una de ellas.

He aquí la primera parte. *Nuestro trío está a punto de cantar.* Estuvimos en un período de preparación antes de esta actividad.

Creo que el trío no es simbólico. Después de orar, siento que el sueño trata literalmente sobre el ministerio musical del trío.

Siguiente parte. *La cantante número 1 y yo estamos en el escenario.* ¿Por qué estábamos en el escenario y la cantante número 2 no estaba? ¿Por qué no estábamos en otra zona del auditorio? Esta parte parece indicar que la cantante número 1 y yo estábamos listos, pero no la cantante número 2.

Siguiente parte. *Todos los micrófonos y el equipo están preparados.* Cuando pienso en esta parte, me doy cuenta de que el equipo preparado simbolizaba las circunstancias relacionadas con nuestro comienzo. Todas las condiciones están listas. El equipo es simbólico.

Siguiente parte. *La cantante número 2 está sentada en una mesa cercana. Tiene rulos en su cabello. Su mamá está de pie detrás de ella arreglándole el cabello.* ¿Por qué no estaba en el escenario con nosotros? ¿Por qué su mamá estaba arreglándole su cabello? ¿Por qué tenía rulos? Esta parte fue fácil para mí. Su cabello simbolizaba su andar espiritual o la condición de su vida. No estaba lista como nosotros. Su mamá es probablemente un tipo del Espíritu Santo, que la está preparando. Las dificultades en su vida me muestran que el Espíritu Santo está todavía poniendo su vida en orden. Esto encaja con lo que está sucediendo en su vida.

Siguiente parte. *Mi mamá y mi papá están sentados cerca en otra mesa.* Sé por sueños anteriores que mi mamá y mi papá frecuentemente representan el Espíritu Santo y a Dios Padre, respectivamente.

La última parte contiene el mensaje y propósito principal del sueño: *Mi papá tiene sus brazos cruzados y está moviendo su pie impacientemente, como diciendo: "Estoy esperando que empieces".* Las acciones de mi padre me muestran que él está esperando que yo empiece.

Obviamente, este sueño me indicó que comenzara a trabajar en el álbum en lugar de esperar a que la cantante número 2 pusiera su vida en orden. Dios conocía su condición espiritual en ese momento. El Espíritu Santo la estaba preparando. Mientras tanto, Dios quería que yo comenzara.

¿Cuál fue el resultado del sueño? Llamé al estudio para programar nuestra grabación. Parecía que la mano de Dios estaba en la producción de nuestro nuevo álbum, el cual resultó muy bueno. La cantante número 2 se mantuvo con el trío por otros dos años. A medida que Dios trabajó con ella, puso su vida en orden. Aunque las circunstancias se veían adversas en ese momento, Dios me llenó de la confianza de que estaba haciendo lo correcto. ¡Había oído a Dios!

Resumamos los símbolos en mi sueño. El trío en este sueño representaba el trío en la vida real. Mi papá y mi mamá eran simbólicos. La mamá de la cantante número 2 era simbólica. Que el equipo estuviera preparado era simbólico. El cabello con rulos de la cantante número 2 era simbólico. El sueño encajaba precisamente en lo que yo estaba atravesando en mi vida. Fue oportuno y de mucha ayuda.

Muchas veces, la dirección de Dios requiere acción. Ya sea que escuche a Dios por medio de la Escritura, la oración, el consejo o un sueño, probablemente Dios quiere que haga algo con la dirección que Él le da. La Escritura nos muestra que esto a menudo es cierto.

Pero después de muerto Herodes, he aquí un ángel del Señor apareció en sueños a José en Egipto, diciendo: Levántate, toma al niño y a su madre, y vete a tierra de Israel, porque han muerto los que procuraban la muerte del niño. Entonces él se levantó, y tomó al niño y a su madre, y vino a tierra de Israel.   (Mateo 2:19–21)

Cuando usted junta todos los pedazos y parece que Dios está hablando, no tenga temor a actuar. Camine en fe, creyendo que usted ha escuchado a Dios.

Una oportunidad muy valiosa

Algunos años después, tuve otro sueño en relación con grabar otro álbum. En ese tiempo yo cantaba y ministraba solo. Sabía que era momento de grabar otro álbum, pero no había hecho mucho al respecto. Cuando desperté la última mañana de una gira ministerial en Carolina del Norte, recordé un sueño breve. He aquí lo que escribí en mi cuaderno:

> George Smith me entrega una bolsita de tela. La abro y saco su contenido. Hay dos joyas grandes y varias otras pequeñas.

Como de costumbre, oré y pensé en las partes de este sueño. ¿Qué representaría George Smith en el sueño? Mientras pensaba sobre mi relación con George, recordé que él ocasionalmente hizo donaciones cuantiosas y oportunas al ministerio. ¿Por qué estaban la joyas en una bolsa de tela? Así es como algunas personas llevarían joyas sueltas. ¿Por qué había dos joyas grandes y algunas pequeñas? Tal vez, alguien haría dos donaciones grandes y también algunas pequeñas al ministerio. No estaba seguro de esta interpretación, pero parecía encajar. ¿Sería el propio George quien me daría los regalos? No parecía ser así. La experiencia me había enseñado que los personajes en los sueños son usualmente simbólicos.

Los eventos que sucedieron después comenzaron a encajar en el sueño. El hombre que había producido mis últimas dos grabaciones me llamó esa misma mañana desde Nashville, Tennessee. Una compañía productora había acordado ofrecerme producir y financiar dos nuevas grabaciones para ser grabadas simultáneamente.

Durante ese tiempo, yo había estado orando sobre mis gastos de grabación en mi propia compañía. Las grabaciones incluirían algunos de los cantos que había escrito anteriormente así como algunos nuevos. Además, la compañía promovería y distribuiría las grabaciones ocupándose del costo. Cualquier ganancia de las grabaciones que yo vendiera personalmente sería para mi ministerio. La compañía productora me enviaría un cheque por las regalías de las copias que ellos vendieran.

Cuando oré con respecto a esa oportunidad, sentí que Dios me dio luz verde. Las dos joyas grandes representaban las dos grabaciones. Las joyas pequeñas eran los otros bonos que la compañía me ofrecía, como la propaganda y la distribución. Este arreglo resultó ser muy lucrativo para mí.

Una reunión conveniente

Algunos años atrás, empleé a un contratista para poner losas de cemento para un edificio nuevo en la propiedad de nuestra iglesia. Los moldes estaban en su lugar, las vigas estaban colocadas y era momento de echar el cemento. De hecho, si no echábamos el cemento rápidamente, el proyecto entero podría estar en peligro. Las tormentas de lluvia repentinas son muy comunes en la costa del golfo, y una lluvia fuerte podría fácilmente llevarse las vigas.

Nuestro proyecto de construcción también incurrió en algunos gastos inesperados, agotando nuestro presupuesto. Si echaba el cemento, me faltarían 3.500 dólares para cubrir los gastos. Me sentí impulsado a echar el cemento aunque no hubiera reunido los fondos. La noche antes de que de la compañía de construcción echase el cemento, desperté brevemente y volví a dormirme con un sueño ligero. Cuando desperté la segunda vez, revisé mi memoria para ver si había soñado. Un sueño surgió lentamente. Este es el sueño así como lo anoté:

Entré a una tienda. Cuando entré, me encontré con un amigo mío, John Brown.

¡Qué sueño tan breve! Cuando lo estudié, me hice algunas preguntas. ¿Por qué nos encontramos en esa clase de tienda? ¿Qué podía representar la tienda simbólicamente? ¿Qué representaba John Brown? ¿A él mismo? En la vida real, era un abogado que ocasionalmente apoyaba económicamente mi ministerio. Él podía representar a alguien que donaría al ministerio. Tal vez simbolizaba el dinero que cubriría el déficit en el proyecto de construcción.

Como no estaba seguro del significado del sueño, simplemente lo anoté para referencia futura. De todas maneras, el gran día llegó. Me levanté, me vestí y salí para el lugar de la construcción. El trabajo comenzó esa mañana, y yo continué orando por los fondos. Más avanzada la mañana, recordé un compromiso que había hecho previamente para almorzar en un restaurante cercano. Salí del lugar y conduje al restaurante para llegar a mi cita. El almuerzo en ese restaurante era estilo bufé. Así que después de presentarme a la persona con quien me iba a reunir, me puse en la fila y agarré una bandeja. Justamente cuando me acerqué a la mesa, el abogado con quien había soñado la noche anterior llegó hasta mí. Resulta que él estaba almorzando allí ese día. Ninguno de los dos frecuentábamos ese restaurante. ¡La oportunidad del encuentro fue increíble!

"¿Cómo van las cosas en el ministerio?", me preguntó.

"Muy bien. Hoy estamos echando el cemento para nuestro nuevo edificio".

"¿Cómo van las finanzas del ministerio?".

"Las finanzas van bien, excepto por el gasto de echar el cemento. Nos faltan unos 3.500 dólares. Tuve que seguir adelante y echar el cemento o arriesgarme a perder el progreso que habíamos hecho".

"Venga a verme a mi oficina esta tarde", me dijo. Entonces se fue.

Cuando fui a su oficina, dialogamos brevemente. Entonces llamó al banco donde él era miembro de la junta, y les pidió que prepararan un cheque por 3.500 dólares. Cuando regresé al lugar de la construcción esa tarde, ¡tenía en mis manos el dinero para cubrir nuestros gastos!

Cuando repasé el sueño, lo entendí mejor. La tienda simplemente significaba un lugar conveniente. Dios arregló el momento perfecto para nuestra reunión. Esta cita divina fue muy conveniente para poder obtener los fondos necesarios para el proyecto. En este sueño, el hombre con quien me encontré era él mismo. Sin embargo, la mayoría de las veces una persona es simbólica.

Cuando me puse en la línea para el bufé y lo vi, recordé el sueño de la noche anterior. El sueño súbitamente encajó en mis circunstancias. Dios orquestó el asunto perfectamente, entonces me lo mostró por adelantado para que yo reconociera su precisión y su provisión.

Ordenando mis prioridades

Durante un período en que mi horario estaba inusualmente ocupado, caí en una trampa sutil. Comencé a descuidar mi tiempo devocional con el Señor. Yo sabía que necesitaba orar y leer la Palabra, pero por alguna razón lo seguía dejando para después. Dios sabía que mi horario había agotado mi fuerza espiritual, así que envió un sueño para captar mi atención.

Una noche, me acosté temprano y dormí profundamente hasta la mañana. Tan pronto como desperté, traté de recordar un sueño. Con muy poco esfuerzo, un sueño bastante vívido llego a mi memoria. Este es el sueño según lo anoté:

Estoy conduciendo mi auto a una gasolinera para poner gasolina. Hay nieve en el suelo. Detengo el auto, salgo, y me acerco a dos diferentes tipos de gasolina. Una dice "normal"; la otra es "superior". El precio de la gasolina normal es de 79 centavos por galón. Y la superior es de 1,29 dólares por galón.

"¡Uno veintinueve!", dije yo. "No voy a pagar ese dinero por esa gasolina. Usaré la normal". Entonces empecé a llenar el tanque con la normal.

Escribí el sueño y lo feché. Durante mi tiempo de oración esa mañana, estudié cada parte y oré. Cuando repasé la primera parte del sueño, sentí que el auto representaba mi vida. Entonces me pregunté: ¿por qué había nieve en el suelo? Cuando oré, me pareció que la nieve quería decir que yo estaba espiritualmente frío. Ciertamente, eso parecía encajar.

Después, cuando oraba en relación con las dos clases de gasolina marcadas como normal y superior, la revelación comenzó a llegar a mi mente. Esto es lo que parecía que Dios me decía a través de mis pensamientos: Has estado en un lugar frío últimamente. Cuando viste la gran diferencia en el precio del caminar espiritual normal y el caminar superior, escogiste el caminar normal. No querías pagar el precio mayor por el caminar superior.

¡Caramba! Ese sueño fue muy revelador. Decidí no estar tan ocupado en el futuro. Confesé mi negligencia en la oración y el estudio bíblico, le pedí a Dios que me perdonara, y continué buscando conocerle más en mi tiempo devocional. El sueño me motivó a tomar el tiempo que paso con Dios más en serio. Como resultado, Dios renovó mi espíritu y me ayudó a servirle con la fuerza que Él da.

Ponerse en forma

Dios usó un sueño más de una vez para ajustar mis priorida-
des. En otra ocasión, mi itinerario de viaje me llevó hasta mi límite
físico. Después de predicar en un pueblo diferente cada noche,
conducía largas horas al siguiente día para llegar al próximo lugar.
Finalmente, mi cuerpo comenzó a dolerme. Todas las mañanas me
levantaba cansado. Una mañana me desperté y volví a dormirme
con un sueño ligero. Al despertar la segunda vez, me di cuenta de
que había tenido un sueño bastante simple. He aquí lo que anoté
en mi cuaderno:

Estoy en la oficina de un doctor. El doctor me dice:
"Reduce o acelera". Cuando dijo "acelera", apuntó su dedo
hacia el cielo.

No tuve que estudiar ni orar por ese sueño. Dios me envió
un fuerte aviso de que yo estaba poniendo mi salud en peligro al
empujar mi cuerpo más allá de sus límites. Si no me detenía, mi
vida sería acortada. No es necesario decir que reduje mi horario.
¡Me gustaría que todos los sueños fueran tan fáciles de entender
como este!

Dios también trató conmigo por no hacer ningún ejercicio
físico. Al estar tan ocupado, no había tomado tiempo para desarrollar un programa personal de ejercicio. Dios quería que cuidase
mi cuerpo y mi espíritu. Él usó una serie de eventos interesantes
para captar mi atención.

Jason, uno de los alumnos de primer grado en nuestra escuela
en ese tiempo, era un niño brillante. En medio de estos eventos, él apareció en uno de mis sueños. Cuando me desperté una
mañana, revisé mi memoria para recordar un sueño. En menos de
un minuto, las partes llegaron a mi mente.

Estoy de pie con el padre de Jason al lado del pupitre de Jason en nuestra escuela. Jason está sentado en su pupitre. Yo le dije al hombre: "De veras que Jason es un estudiante brillante. Siempre obedece a su maestra y hace lo que ella le dice".

El papá de Jason me miró y preguntó: "¿Es más inteligente que usted?".

Este sueño no es tan complejo. Dios me enseñó que incluso un estudiante de primer grado sabía que debía obedecer a su maestra. Ciertamente que yo debería obedecer a mi Maestro. La Biblia dice: *"Mas el Consolador, el Espíritu Santo, a quien el Padre enviará en mi nombre, él os enseñará todas las cosas, y os recordará todo lo que yo os he dicho"* (Juan 14:26).

Obviamente, yo no estaba obedeciendo al Espíritu Santo en algun área. Sospeché que era en no comenzar un programa de ejercicio. Pronto, Dios me envió una confirmación.

Nuestra hija menor amaba a los animales, y siempre tenía un animal doméstico de alguna clase. En ese entonces, ella tenía un hámster. Justamente un día o dos después de mi sueño con Jason, entré a la sala donde teníamos la jaula del hámster. Su rueda de ejercicio daba vueltas rápidamente mientras él corría a gran velocidad. Cuando metí la mano para agarrarlo, me fijé en que su corazón latía rápidamente a causa del ejercicio. Llamé a mi esposa, que estaba en el otro cuarto: "Querida, ven y toca el hámster. Ha estado corriendo en su rueda de hacer ejercicio y su corazón palpita con fuerza".

Tan pronto como terminé de hablar, el Espíritu Santo me habló. "¿Es más inteligente que usted?".

No sólo un estudiante de primer grado estaba usando más sabiduría que yo, sino que incluso un hámster sabía que tenía que hacer ejercicio. Comencé mi programa de ejercicio ese mismo día y lo he continuado desde entonces. Si soy tentado a dejarlo, me acuerdo del sueño con Jason y mi experiencia con el hámster. Probablemente los dos juntos han añadido años a mi vida.

Dirección en el ministerio

Cuando nuestra iglesia estaba en sus comienzos, confronté varios problemas que muchos pastores nuevos tienen. Una situación en particular me causó mucha preocupación. Un matrimonio que operaba en un espíritu de rebelión causó problemas en la iglesia. Oré sinceramente sobre cómo manejar la situación. Tuve un sueño la mañana que iba a regresar de un viaje ministerial. Cuando desperté la primera vez, no pude recordar un sueño. Me quedé en la cama unos momentos, y el siguiente sueño vino a mi memoria:

Estoy de pie en el estacionamiento de nuestra iglesia. Dos árboles se han caído. Uno está obstaculizando el estacionamiento y los autos no pueden entrar. El otro está cubriendo el rótulo y no se puede ver. Saco mi sierra eléctrica, corto los árboles y los saco de allí.

No estaba seguro del significado de este sueño, así que oré por cada parte. ¿Por qué el sueño tuvo lugar en el estacionamiento? Al orar, me di cuenta de que si el estacionamiento estaba obstaculizado, nadie vendría a la iglesia. Al orar sobre el rótulo que estaba cubierto, tuve un pensamiento similar. Si el rótulo estaba cubierto, entonces nadie sabría que la iglesia estaba ahí. Cuanto más oraba, más cuenta me daba de que este sueño estaba relacionado con que el crecimiento de mi iglesia estaba siendo obstaculizado. Algo había estorbado el crecimiento de la iglesia, y yo me deshice de lo que era.

Entonces oré sobre la sierra eléctrica. ¿Qué representaba? Representaba una herramienta que era potente para hacer el trabajo. ¿Qué clase de herramienta podía ser esa? Durante los próximos dos o tres días, continué orando por esas claves. Finalmente, me sentí seguro de que había llegado a la conclusión correcta. Esa pareja estaba estorbando el crecimiento de nuestra iglesia. Necesitaba usar el poder que Dios me había dado para resolver el problema.

Hice una oración de autoridad sobre los espíritus rebeldes que operaban a través de esa pareja. También hablé del problema con ellos y tomé cierta acción correctiva para aliviar la situación. Después de reunirnos dos veces, decidieron irse de la iglesia. Tan pronto como se fueron, la atmósfera en nuestra iglesia cambió. Justo como el sueño me mostró, hubo un nuevo crecimiento. Este sueño me ayudó a tomar la decisión correcta para la salud de nuestra iglesia.

La siguiente semana recibí otro sueño sobre el crecimiento de la iglesia. Contrariamente al primer sueño, este ocurrió en medio de la noche. He aquí lo que anoté en mi cuaderno:

> Mi esposa y yo estamos en el auditorio de la iglesia. Ella está poniendo algunas sillas extra, una a una. Hay cuatro personas sentadas en el santuario. Cada una de ellas es una persona a la que hemos ministrado en diferentes momentos de nuestra vida.

Percibí que el sueño se refería a la iglesia misma. Mi esposa estaba poniendo sillas una a una. Esto me dijo que el crecimiento vendría gradualmente. Dios añadiría a nuestros números uno a uno. El crecimiento vendría como resultado de nuestra ministración a aquellos a quienes el Señor enviara. En los meses siguientes, los eventos probaron que este sueño fue muy exacto. ¡Dios nos trajo un nuevo crecimiento de la manera exacta que mostró en el sueño!

Decisiones importantes

Déjeme compartir con usted una historia más. Esta ocurrió en un momento en que yo afrontaba una gran decisión: dejar mi empleo a jornada completa para entrar al ministerio a tiempo completo. Ciertamente, ese es un paso muy importante. El razonamiento y la lógica me decían cuán necio era al dejar la seguridad de un empleo con salario para seguir al Señor. Aunque sentía que Dios me estaba dirigiendo, la incertidumbre sobre el futuro me tentó a vacilar.

Al mismo tiempo que luchaba con esto, dos amigos míos estaban dejando sus empleos remunerados para arriesgarse juntos en un empresa comercial. En el último momento, uno de ellos se arrepintió, optando por quedarse con la seguridad de su trabajo. Me enteré de su decisión el mismo día en que estuve tentado a hacer lo mismo.

Esa noche dormí profundamente. A la mañana siguiente, repasé mi memoria para ver si Dios me había hablado algo durante la noche. Al principio, solamente recordé un fragmento del sueño. Mientras meditaba en ello, recordé las demás partes. He aquí el sueño según lo anoté:

Jack (el amigo que se arrepintió) está jugando fútbol americano. Él corre lejos para que le tiren la pelota. El tirador lanza la pelota, y él la agarra. Mira alrededor. El campo de juego está libre. No hay nadie cerca de él. Tiene la oportunidad abierta para llegar a la meta y anotar un *touchdown*. Sin embargo, el temor le embarga y en lugar de correr para anotar el *touchdown*, simplemente cae al suelo y cubre la pelota.

Yo sabía que eso era lo que estaba sucediendo a mi amigo. Cuando oré sobre el sueño esa mañana, sabía que Dios estaba usando la situación de mi amigo para hablarme sobre circunstancias similares. Yo había agarrado la pelota. El campo de juego estaba abierto para un *touchdown*. Recibí el mensaje. Presté atención al aviso del sueño, renuncié a mi empleo y entré al ministerio. ¡El temor no evitó que hiciera el cambio!

En esta ocasión, la interpretación del sueño vino durante la oración. El sueño era tan breve y encajaba en mis circunstancias tan claramente, que nunca lo dividí en partes. Antes de tener una oportunidad de hacerlo, el significado llegó a mi mente. El sueño se relacionaba con lo que yo estaba pasando en mi vida en ese momento, y me ayudó a tomar la decisión correcta.

Espero que mis experiencias le motiven a visitar el mundo de los sueños una y otra vez. Adquirirá valiosas experiencias propias en los días que vienen. Estamos cerca del portón donde originalmente comenzamos este viaje exploratorio. Quiero contestar cualquier pregunta que pueda tener. Hagamos una pausa para eso ahora, ¿le parece?

8

PREGUNTAS Y
RESPUESTAS

Antes de concluir nuestra gira, quisiera contestar algunas preguntas comunes sobre el mundo de los sueños. Tal vez usted se pregunte sobre mis comentarios e instrucciones anteriores. Las personas que asisten a mi seminario sobre cómo oír la voz de Dios, con frecuencia hacen numerosas preguntas al terminar las reuniones. Esas discusiones animadas, con frecuencia le dan más luz al material de estudio. Tal vez, si repaso algunas de las preguntas que se hacen más frecuentemente, usted encontrará algunos asuntos que pueden haber cruzado su mente.

1. ¿Tienen significados todos los sueños?

No necesariamente. Cuando yo estoy muy cansado, por lo regular comienzo a soñar casi tan pronto como me acuesto y cierro mis ojos. Mi mente empieza a vagar como soñando, pero sin tema ni patrón. Sin embargo, cuando usted comience a recibir sueños de parte de Dios, descubrirá que la mayor parte de sus sueños contienen significado. A medida que se desarrolla este aspecto de su relación con Dios, usted ha de esperar que el Espíritu Santo se involucre en su vida mientras duerme. Cuando usted aprenda a usar esta destreza, descubrirá que muchos de sus sueños contienen consejo ungido de parte de Dios.

2. Mi sueño es ligero, y mi mente sueña constantemente. Si yo escribiera todos esos sueños, estaría escribiendo toda la

noche. ¿Qué me recomienda hacer?

Su situación es muy inusual, pero ocasionalmente me encuentro con personas que tienen este problema. Pídale a Dios que le despierte solamente después de que Él le dé un sueño, para que usted pueda dormir durante toda la noche. Creo que Dios puede ayudar aún a quienes tienen el sueño ligero a dormir más profundamente.

3. Algunas veces, mis sueños tienen connotaciones sexuales. Seguro que esos sueños no vienen de Dios. ¿Qué debo hacer?

El impulso sexual es poderoso y puede influenciar nuestros pensamientos mientras dormimos. Una persona que lucha contra la lascivia puede encontrar sus sueños afectados por pensamientos sexuales algunas veces. Por otro lado, no se limite a descartar un sueño sexual. Dios puede usar un escenario sexual para hablarle a usted. Por favor, haga uso de discernimiento para entender esos sueños.

El libro del Cantar de los Cantares ciertamente usa lenguaje sexual gráfico para pintar un cuadro de significado espiritual. Si una persona casada sueña con una escena sexual con su pareja, el sueño podría simplemente estar hablando de la relación de la pareja, pero no necesariamente de su relación sexual. Al aconsejar a personas he descubierto que los sueños sexuales son frecuentemente ignorados como si no fueran divinamente inspirados, cuando podrían tener significados importantes. Ore sobre el sueño y pídale a Dios que le dé entendimiento.

Obviamente, Dios no apoya la inmoralidad. Él no le dará un sueño para decirle que cometa adulterio o fornicación, pero podría darle un sueño para avisarle sobre eso. De nuevo, ore y use el discernimiento.

4. Estuve pescando todo un día. Esa noche soñé que fui a

pescar. ¿No lo soñé simplemente porque había pasado el día entero haciendo eso mismo?

No necesariamente. Dios a veces nos habla mediante nuestras actividades e intereses. Aunque usted estuvo haciendo algo todo el día, no descarte la capacidad de Dios para hablarle a través de eso. Recuerde: "Cuando tenga dudas, escríbalo". Entonces repáselo, estúdielo y dé a Dios la oportunidad de hablarle por medio de su sueño.

5. Yo nunca sueño. ¿Cree usted que Dios me hablará en un sueño?

Sí, lo creo. Cuando siga los pasos en este libro, creo que usted comenzará a recordar sus sueños y a oír a Dios a través de ellos. Recuerde la exhortación: *"No tenéis lo que deseáis, porque no pedís"* (Santiago 4:2). Si le pide a Dios que le hable en los sueños, Él lo hara.

6. Después de escucharle enseñar sobre cómo oír la voz de Dios, recordé algunos sueños. Sin embargo, después de un tiempo los sueños parecieron desvanecerse. ¿Por qué?

Usualmente esto ocurre cuando una persona se olvida de seguir los pasos dados en el capítulo cuatro de este libro. Si trata de recordar sus sueños inmediatamente al despertar, probablemente recibirá más sueños. Lea ese capítulo de nuevo, siga los pasos y compruebe si vuelve a escuchar de Dios en sus sueños.

7. La Biblia dice: *"Vuestros jóvenes verán visiones, y vuestros ancianos soñarán sueños"* (Hechos 2:17). Yo soy un hombre joven. Creo que estoy recibiendo visiones, no sueños. ¿Puede explicar por qué la Biblia hace esta distinción?

Los sueños y las visiones están estrechamente relacionados. Los sueños ocurren cuando estamos dormidos. Las visiones ocurren cuando la persona está despierta o en oración, pero Dios también visitó a personas con visiones mientras dormían. (Véase Daniel 2:19; Hechos 18:9).

El día de Pentecostés, Pedro predicó el cumplimiento de la profecía de Joel. La Escritura dice: *"Vuestros ancianos soñarán sueños"* (Hechos 2:17). Los sueños pueden ser complejos.

Espiritualmente hablando, se debe ser maduro para fluir en la interpretación de sueños. Escuchar a Dios de esta forma requiere más madurez y discernimiento que otras cosas del Espíritu.

La Escritura se refiere a diferentes niveles de madurez en el cuerpo de Cristo. Examine las etapas de crecimiento en los siguientes pasajes:

> *Desead, como **niños recién nacidos**, la leche espiritual no adulterada, para que por ella crezcáis para salvación.*
> (1 Pedro 2:2)

> ***Hijitos míos**, estas cosas os escribo para que no pequéis; y si alguno hubiere pecado, abogado tenemos para con el Padre, a Jesucristo el justo.*
> (1 Juan 2:1)

> *Os he escrito a vosotros, **jóvenes**, porque sois fuertes, y la palabra de Dios permanece en vosotros, y habéis vencido al maligno.*
> (1 Juan 2:14)

La interpretación de sueños es una habilidad que usted debe desarrollar en un período de tiempo. Las verdades en este libro no me vinieron de la noche a la mañana. He invertido años en aprender a oír a Dios en esta forma. Si usted tiene un espíritu dócil, también madurará en el concepto de oír de Dios en los sueños.

8. Yo estaba involucrado en el ocultismo antes de hacerme cristiano. En ese tiempo, ahondé en los sueños y sus interpretaciones. ¿No sería poco sabio para mí oír a Dios de

esta forma a causa de mi experiencia pasada?

Su inquietud se puede entender. Recuerde que el ocultismo es solamente una falsificación de las manifestaciones sobrenaturales y genuinas del reino de Dios. El ocultismo motiva a sus seguidores a meditar. Eso no me impide que yo medite en la Palabra de Dios. Los ocultistas alcanzan un estado como de trance para comunicarse con entidades espirituales. Eso no me impide a mí buscar la presencia de Dios mediante la oración. El ocultismo respalda la adivinación y la dirección sobrenatural. El reino de Dios se manifiesta con dones espirituales poderosos, como la palabra de ciencia, la palabra de sabiduría y la profecía. (Véase 1 Corintios 12).

Un creyente nacido de nuevo que consultó a un adivino antes de acudir a Cristo no debería temer ofrecerse a sí mismo a Dios como un canal para los dones espirituales. Cuando usted recibe a Jesús como su Señor, debería apartarse del ocultismo. Condene cualquier participación previa con espíritus inmundos y ordéneles que no le atormenten. Pídale a Dios que le limpie y le perdone su pecado. Las malas experiencias del pasado no tienen que robarle las bendiciones futuras que Dios tiene para usted. Si usted sigue estas instrucciones y no participa en lo oculto, se dará cuenta de que lo oculto tampoco operará en usted.

9. ¿Puede el diablo dar sueños?

Tengo una amiga que se convirtió al cristianismo a una temprana edad. Cuando fue más mayor, comenzó a apartarse del Señor. En ignorancia, experimentó incluso con el ocultismo. Después de eso, comenzó a tener sueños diabólicos. La participación en lo oculto puede abrir la puerta a la influencia demoníaca en la vida de la persona, inclusive en los sueños. Una vez que la persona acude a Cristo y comienza a caminar con Dios, el ocultismo pierde su influencia sobre la persona. Está claro que Dios no le atormentará en un sueño. Al igual que con otras formas de oír a Dios, use el discernimiento.

Una vez experimenté una visión falsa cuando estaba despertando. Su dirección no estaba en línea con las otras indicaciones que Dios me había dado. No todo lo que usted recibe es inspirado por Dios. Recuerde lo que ya dije acerca de escribir sus sueños para que pueda estudiarlos y repasarlos. Con el tiempo, usted sabrá si Dios le estaba hablando o no. Aunque no todos los sueños provienen de Dios, he descubierto que la mayoría de las personas carecen de discernimiento y desechan un sueño rápidamente porque no entienden su significado. No se apresure a desechar esos perplejos sueños, pues podría perderse lo que Dios quiere decirle. Cuando se acostumbre al fluir de Dios, se dará cuenta de que la mayoría de sus sueños proceden de Dios.

10. Yo soñaba mucho, pero me desanimé al tratar de entender mis inquietantes sueños. Los sueños a menudo parecían demasiado complejos para entenderlos. ¿Me puede ayudar?

Continúe anotando sus sueños y ore por sus significados. El tiempo y la paciencia son muy importantes para desarrollar su habilidad en entender el lenguaje de sus sueños. Si busca a Dios, le mostrará que Él le está hablando. No olvide que Él es galardonador de los que le buscan. (Véase Hebreos 11:6). Mezcle una actitud de búsqueda con tiempo y paciencia, y creo que empezará a experimentar resultados más positivos.

11. ¿Debo enseñarles a mis hijos a oír de Dios en esta forma? ¿No es demasiado confuso para un niño?

José tenía diecisiete años cuando recibió un sueño profético que puso celosos a sus hermanos. (Véase Génesis 37:2, 5). La Biblia no nos revela si esa fue su primera experiencia con los sueños o no. Un adolescente puede escuchar a Dios de esta manera. De hecho, un niño también puede recibir sueños inspirados por Dios. Yo sé que ha sucedido.

Los padres no deberían desanimar a los niños si ellos les hablan sobre sus sueños. Escuche atentamente a sus hijos y ore con ellos. Mis hijas a veces compartían sus sueños conmigo. Cuando eran niñas, parecía que sus sueños eran el resultado de su imaginación activa. Yo trataba de escucharles pacientemente y les prometía orar sobre el sueño para obtener discernimiento. No quería desanimarlas.

A medida que crecieron, comenzaron a recibir sueños de parte de Dios que les daban dirección para su vida. Recuerdo algunas ocasiones en que Dios sin duda les habló cuando ellas tenían ocho o nueve años. No alenté a mis niñas a escribir sus sueños hasta que llegaron al final de su adolescencia. Use su sentido común y juicio como padre o madre. El Señor le dirigirá según el momento preciso y otros factores. Si su hijo es atormentado con pesadillas, sin duda puede usted orar y pedirle a Dios que lo libere.

12. ¿Y qué de un *déjà vu*, el sentimiento de saber lo que va a suceder antes de que suceda? A veces he sentido que ya he vivido una experiencia por medio de un sueño o de alguna otra manera.

Dios puede predecir los eventos antes de que ocurran. La Biblia confirma esto repetidamente. Si Dios le revela información por adelantado sobre algo que va suceder en su vida, siempre le dará una razón para ello. Puede ser que quiera avisarle, dirigirle o asegurarle que Él le sostendrá a través de una situación difícil.

En relación con cierto "sentimiento" de haber vivido una experiencia antes de que se desarrolle la situación, nunca he podido precisar si ese sentimiento proviene de Dios o no. Dios no le hablará sobre un evento con anterioridad simplemente por decírselo. Si Dios se lo dice, tendrá una razón para hacerlo. Búsquele y encuentre la razón.

13. ¿No teme usted lo que podría suceder cuando enseña a

la gente a buscar dirección en sueños y visiones? ¿No caerán algunas personas en el error y tomarán malas decisiones porque piensan que Dios les habló en un sueño?

No, no tengo temor, pero me doy cuenta de que algunas personas pueden malinterpretar un sueño y tomar una mala decisión. Escuchar a Dios en los sueños conlleva cierto riesgo, pero usted puede disminuir el peligro siguiendo las salvaguardas que indicamos en el capítulo tres. Supongo que Dios se enfrentó a esta misma posibilidad cuando escribió la Biblia. Aunque Él sabía que algunas personas sacarían Escrituras fuera de contexto, escribió la Biblia de todas maneras. Los conceptos y principios presentados en este libro han sido examinados y probados. He hecho lo máximo para presentar la verdad con integridad y cuidado.

Si usted comete un error al oír de parte de Dios en sueños, aprenda de su experiencia. ¿Actuó con demasiada rapidez? ¿Oyó a Dios en otras formas? ¿Malinterpretó el simbolismo en su sueño? Si tiene un espíritu dócil, ninguna de sus experiencias tiene que perderse; y eso incluye los errores.

14. Conozco una mujer cristiana que tiene la reputación de interpretar sueños para los demás. Algunas personas que conozco acuden a ella constantemente para buscar dirección. ¿Es eso correcto?

No. No es una buena idea que esas personas dependan de ella. Cuando usted continuamente acude a otra persona para buscar la dirección de Dios, está abriendo la puerta para que esa persona controle su vida. Aunque yo sí ayudo a otros a entender sus sueños de vez en cuando, les amonesto a orar y a buscar la dirección de Dios. Sin duda, las personas con experiencia de cualquier clase pueden ayudar a otros con menos experiencia. Sin embargo, no es saludable que otra persona le controle a usted y las decisiones importantes de su vida. Las relaciones en las que una persona dominante controla a otra más débil están en el límite de la hechicería y la adivinación.

Para que usted pueda desarrollarse en su relación con Dios, tiene que tomar tiempo para escuchar a Dios y entender lo que Él le está diciendo. Cuando necesite oración o consejo, consulte a su pastor. Sin embargo, no acuda corriendo a él ni a ninguna otra persona cada vez que tenga un sueño. Busque a Dios.

15. Soñé que estaba ministrando a miles de personas en una reunión evangelística en África. ¿Cree usted que Dios me está llamando a ser un misionero en ese país?

Pídale a Dios que le muestre de otras formas lo que Él le está diciendo. Si recibe confirmación, entonces siga adelante con cautela con lo que usted cree que Él le está diciendo. Observe nuevas señales constantemente y manténgase revisando la dirección de Dios mientras actúa en obediencia. Si Dios le está guiando, Él le probará que usted está en el camino correcto. Dios siempre le dirigirá tanto al comienzo de una situación como al final de la misma cuando Él está actuando.

También le amonesto a que busque consejo de confirmación de su pastor. La Escritura dice: *"La dádiva del hombre le ensancha el camino y le lleva delante de los grandes"* (Proverbios 18:16). Si Dios tiene un llamado en su vida para este trabajo, otros líderes cristianos reconocerán la unción en usted. Su pastor puede apartarle para este ministerio en el momento de Dios y con los recursos de Dios. Recuerde que *"en la multitud de consejeros hay seguridad"* (Proverbios 11:14).

16. Tuve un sueño que fue bastante vívido. Lo escribí, oré, lo repasé en varias ocasiones, pero nunca entendí su significado. ¿Qué debo hacer?

Usted está haciendo lo correcto. Cuando yo recibo un sueño que todavía me confunde después de haber orado y dejado pasar algún tiempo, simplemente lo dejo. No creo que cada sueño sea inspirado por Dios.

17. Frecuentemente tengo sueños sobre otras personas. Cuando les hablo de los sueños, usualmente no desean recibir el consejo que les doy. ¿Debo seguir tratando de ayudar a otros de esta forma?

Tenga mucho cuidado con respecto a dar consejo que haya recibido en sueños (u otra forma de dirección) a otras personas. Muchas veces, las personas en sus sueños son simplemente personajes que Dios usa para hablarle sobre su propia vida. Un consejero puede recibir dirección en un sueño para ayudar a su cliente. Este es un área donde es fácil malinterpretar lo que Dios le está diciendo. Sea cuidadoso. Su mente natural puede hacer que malentienda lo que Dios realmente le está diciendo.

18. Soñé que estaba montando un caballo por un arroyo. Frente a mí, había un sembrado precioso de grano, listo para la cosecha. ¿Me puede ayudar a entender este sueño?

Sí, puedo. Tome las herramientas que le he dado en este libro y úselas. Examine lo que está sucediendo en su vida. Considere las partes del sueño. Busque a Dios y su consejo. ¿Fue Él quien le dio el sueño? ¿Qué le está diciendo? Dios es suficiente para ayudar a todo aquel que viene a Él por la fe. Cuando las personas me preguntan sobre la interpretación de sueños, los refiero directamente a Dios para recibir las respuestas.

De vez en cuando recibo otras preguntas, pero me parece que he cubierto la mayoría de ellas en otras secciones de este libro. Ya estamos casi en el lugar donde comenzamos. Hagamos una pausa para mi última y breve sesión educativa. ¿Lo hacemos?

9

LA DECISIÓN ES SUYA

Al fin estamos concluyendo nuestro viaje! Ahora usted sabe suficiente sobre este terreno para ir y venir como usted desee. He compartido lo que Dios me ha mostrado sobre escucharle a Él en los sueños. Usted decide qué hacer con esta información.

El mundo de los sueños es un buen terreno. Los viajes a su vasto territorio le pueden beneficiar de muchas formas. Estoy convencido de que Dios ha dado esta tierra para que los cristianos de los últimos tiempos la posean. Espero que usted disfrute de muchas otras visitas en el futuro.

Sin embargo, antes de partir, es necesario una sesión final educativa. Mientras comparto con usted, ¿por qué no medita en esta vasta tierra que hemos explorado juntos? Mientras considera el terreno desafiante que hemos explorado, por favor entienda una verdad importante.

Diferentes personas tienen diferentes experiencias después de hacer este viaje. Algunas personas toman estas enseñanzas y comienzan a escuchar a Dios en los sueños inmediatamente. Sin embargo, su éxito no parece durar mucho. Su interés decae, pierden el deseo de oír a Dios o están muy ocupados para anotar sus sueños. Otros oyen el mensaje, comienzan a operar en los principios y continúan oyendo a Dios en sueños regularmente. Mientras crecen y aprenden, obtienen beneficios inmensos al recibir e interpretar los sueños que Dios les da.

Algunas personas nunca se disciplinan para recordar un sueño cuando despiertan. "No recuerdo mis sueños", se lamentan. ¿Cuál es la diferencia entre aquellos que recuerdan sus sueños y los que no? Aquellos que cultivan sensibilidad al Espíritu Santo cuando se levantan, regularmente recuerdan sus sueños. Muchos de sus sueños son dirección inspirada de Dios. Si no escriben esos sueños, olvidan detalles importantes, cruciales para la interpretación.

Otros tratan de recordar un sueño cada vez que despiertan. Anotan cada sueño y lo fechan diligentemente. Revisan esos sueños con frecuencia, repasando los sueños tenidos la semana pasada, el mes pasado, o tal vez varios meses atrás. Estas personas han descubierto la guianza divina que les llega a través de los sueños. Están desarrollando su destreza para entender lo que Dios les está diciendo. Ellos saben que es real. Ellos saben que funciona, y está produciendo altos dividendos en sus vidas.

Cosechando los beneficios

Jesús frecuentemente usaba parábolas para enseñar verdades espirituales. La parábola del sembrador es una de las pocas parábolas en las cuales Jesús les dio la interpretación a los discípulos. Veamos su discurso y su interpretación.

El sembrador es el que siembra la palabra. Y éstos son los de junto al camino: en quienes se siembra la palabra, pero después que la oyen, en seguida viene Satanás, y quita la palabra que se sembró en sus corazones. Estos son asimismo los que fueron sembrados en pedregales: los que cuando han oído la palabra, al momento la reciben con gozo; pero no tienen raíz en sí, sino que son de corta duración, porque cuando viene la tribulación o la persecución por causa de la palabra, luego tropiezan. Estos son los que fueron sembrados entre espinos: los que oyen la palabra, pero los afanes de este siglo, y el engaño de las riquezas, y las codicias de otras cosas, entran y ahogan la palabra, y se hace infructuosa. Y éstos son los que fueron sembrados en buena tierra: los que oyen la palabra y la reciben, y dan fruto a treinta, a sesenta, y a ciento por uno.

(Marcos 4:14–20)

Un día, estaba limpiando unos cajones desordenadas en casa cuando encontré una lista vieja de la membresía de una iglesia a la cual mi esposa y yo habíamos asistido como recién convertidos. Cuando ojeaba la lista, me di cuenta de la verdad de esta parábola. Muchas de las personas en la lista habían caído presas de las dificultades que Jesús mencionó.

Después de tener una experiencia gloriosa con el Señor, algunos dieron la espalda a Jesús inmediatamente y regresaron a su antigua forma de vida. Otros soportaron por un tiempo, pero cuando encontraron aflicciones y persecuciones, se olvidaron de la fe. Algunos que estaban muy entusiasmados con Jesús, lentamente volvieron a los placeres del mundo. Sin embargo, como Jesús dijo en esta parábola, algunos se mantuvieron como discípulos activos y fieles que dieron buen fruto en sus vidas. Y unos dieron más fruto que otros.

Estos mismos principios se aplican a aquellos que escuchan enseñanzas sobre recibir sueños. Algunos reciben estas verdades con gozo, especialmente después de que Dios les hable en los sueños. Otros se apartan de las enseñanzas y dejan de recibir sueños por diversas razones. Algunos continúan recordando, anotando y orando sobre sus sueños por un tiempo, pero finalmente dejan de recibir sueños de parte de Dios. Algunos persisten un poco más, pero finalmente se desaniman por el esfuerzo. Muchos dejan de buscar a Dios en los sueños.

Sin embargo, otros anotan y estudian sus sueños regularmente. Oran con respecto a ellos y buscan la interpretación de

Dios. Se benefician grandemente de la guianza que Dios les da a través de sus sueños.

Recordando sus sueños

Ocasionalmente, llego a saber de algunas personas que han tomado mi seminario. Siempre siento curiosidad por saber si están aplicando estos principios a sus vidas. Mientras preparaba mi mensaje para un servicio en una iglesia, mi mente voló a una conversación que tuve con el pastor esa tarde.

"¿Cómo resultó que usted me programara para predicar en su iglesia?", le pregunté.

"Pedí su serie de casetes de enseñanza sobre escuchar la voz de Dios y me gustaron, así que decidí ponerme en contacto con usted para que viniera aquí para algunas reuniones".

"Vaya, ¿ ha escuchado usted mis casetes sobre la voz de Dios?".

"Sí".

Ahí estaba mi oportunidad para averiguar sobre la efectividad del curso. Le hice una pregunta pertinente.

"¿Ha estado oyendo a Dios en sueños?".

"Ocasionalmente recibo un sueño de Dios, pero no todo el tiempo. Parece que no sueño con mucha frecuencia".

"Usted los tiene", le dije. "Simplemente no los está sacando de su memoria cuando despierta".

"¿Usted cree?", me preguntó.

"Sí, generalmente así es. La gente olvida recordar sus sueños cuando despierta. Pruébelo esta noche y vea qué sucede".

Ahí lo dejamos. A la mañana siguiente mientras desayunábamos, le pregunté: "¿Soñó anoche?".

"¡Sí!", me respondió con entusiasmo. Me contó su sueño e incluso parte de su interpretación. El sueño le dio revelación valiosa sobre su relación con el Señor.

A la mañana siguiente, mientras me conducía al aeropuerto para tomar mi vuelo, le pregunté: "¿Soñó anoche?".

"¡Sí!", me dijo. Su entusiasmo era grande mientras me decía lo que Dios le había mostrado. Estaba empezando a practicarlo.

Este escenario se repite con frecuencia. Animo a las personas a recordar un sueño al despertar, y efectivamente, el sueño está ahí. Cada vez que esto ha sucedido, el sueño ha probado ser un consejo ungido recibido en la noche.

Otro pastor y su esposa, recientemente me hospedaron en su casa. Al dialogar sobre los sueños, sus historias eran similares. Ella soñaba frecuentemente; él rara vez soñaba. No estaban anotando sus sueños. Cada uno de ellos había tomado mi curso de enseñanza.

"Veamos qué sucede esta noche", les sugerí. Ambos recibieron sueños de Dios esa misma noche. Ambos perdían la mayoría de sus respectivos sueños, sin embargo, porque no los escribían. Esta pareja recordó lo suficiente de sus sueños para saber que eran de Dios. Al despertarse, cada uno pensó: "Sé que esto es de Dios; necesito recordarlo".

¿Lo puede creer? La siguiente noche sucedió lo mismo. Salí ese día y compré un cuaderno para que cada uno de ellos pudiera anotar sus sueños.

Haga la inversión

Estos ejemplos son bastante típicos. Escuchar a Dios en los sueños requiere una determinación genuina y esfuerzo. Tal vez no enfaticé este factor suficientemente en mi seminario. Por otro lado, algunos miembros de mi personal y miembros de otra congregación han perseverado y oyen a Dios constantemente en los sueños.

Al finalizar mis seminarios, le digo a la gente que desarrollar esta forma de oír a Dios es como cualquier otra cosa.

Requiere esfuerzo.

Requiere autodisciplina.

Requiere algo de su tiempo y energía.

Anotar y estudiar sus sueños regularmente requiere persistencia, determinación y disciplina. Su diligencia será recompensada. Dios ha prometido que *"el que siembra escasamente, también segará escasamente; y el que siembra generosamente, generosamente también segará"* (2 Corintios 9:6). El beneficio que usted saque será directamente proporcional al tiempo y esfuerzo que invierta.

Escuchar a Dios en los sueños es como aprender a jugar tenis o golf. Es como aprender a tocar el piano o la guitarra. Supongo que se podría decir que escuchar a Dios en los sueños es como cualquier otra cosa en la vida. Lo que usted invierta es exactamente lo que obtendrá. ¿Tiene sentido? Después de todo, todo en la vida parece seguir ese mismo patrón.

Doy este consejo a todos, pero especialmente a aquellos que están en el ministerio a tiempo completo. Por favor, no descuide el desarrollar esta importante forma de oír a Dios. Puede ser inmensamente importante para usted en el futuro.

No subestime la importancia de desarrollar su destreza en esta área tan importante. ¡Usted necesita oír a Dios en estos últimos días! Desarrolle su destreza en oír a Dios en todas las formas en que Él habla, ¡incluyendo los sueños!

El tiempo en que usted duerme puede convertirse en una parte muy importante de su vida espiritual. Dios puede hablarle sobre sus negocios, sus finanzas, su familia, su matrimonio, sus decisiones, su ministerio y todos los aspectos de su vida.

¡La decisión es suya! Los potenciales beneficios de escuchar a Dios aun cuando se está durmiendo son innumerables. Tome esto en serio. Le puede pagar grandes dividendos y ayudarle a evitar errores costosos. Escuchar a Dios puede marcar una gran diferencia en su vida.

He hecho lo máximo por compartir con usted lo que yo he aprendido sobre el emocionante mundo de los sueños. He disfrutado el viaje.

Le deseo que haga muchos viajes más a esta tierra fascinante. Espero que cada viaje le ayude a cosechar tesoros de guianza y revelación de Dios como mis viajes lo han hecho conmigo. Que esté usted sintonizado con Dios como nunca antes en estos últimos tiempos, incluyendo oír a Dios en los sueños.

¿Qué más puedo decir?

Excepto quizá…buen viaje, ¡y que tenga felices sueños!

PALABRAS FINALES

Para que los principios sobre recibir e interpretar los sueños puedan operar plenamente en su vida, usted debe haber nacido de nuevo y haber sido bautizado en el Espíritu Santo. Estos pasos son necesarios para caminar en la plenitud que Dios tiene para usted.

¿Ha recibido a Jesús como su Señor y Salvador? Si usted nunca se ha apartado de su pecado y ha orado: "Jesús, quiero que vengas a mi vida y seas mi Salvador", entonces usted no tiene vida eterna. Tendrá que pagar por sus pecados. ¿Y sabe cuál es ese pago? La Biblia dice que *"la paga del pecado es muerte"* (Romanos 6:23). Usted puede sufrir el castigo por sus pecados o puede aceptar la muerte de Jesús como pago por ellos. El evangelio es así de simple.

Usted no tiene que enfrentarse al tormento eterno. Puede estar en paz con Dios a través de Jesucristo. Pídale ahora que perdone sus pecados y que entre en su corazón. Usted puede hacer esta sencilla oración:

Querido Señor Jesús,

Te entrego mi vida. Te doy mi pasado, mi presente y mi futuro. Me arrepiento de todos los pecados que he cometido. Creo que moriste en mi lugar y que tu sangre me limpia de mis pecados para siempre. Creo que Dios te levantó de los muertos para que yo pueda tener vida eterna contigo.

Ven a mi corazón y dame una nueva vida. Enséñame por tu Palabra y por el Espíritu Santo. Guárdame de andar en las mentiras del diablo. Gracias, Señor, por salvarme. Ayúdame a vivir para ti. En el nombre de Jesús, amén.

¡Bienvenido a la familia de Dios! Usted pasará la eternidad con Dios en el cielo. La Escritura dice:

Dios nos ha dado vida eterna; y esta vida está en su Hijo. El que tiene al Hijo, tiene la vida; el que no tiene al Hijo de Dios no tiene la vida. Estas cosas os he escrito a vosotros que creéis en el nombre del Hijo de Dios, para que sepáis que tenéis vida eterna. (1 Juan 5:11–13)

Le aliento a que encuentre una iglesia fundada en la Biblia donde pueda crecer en su fe. Lea la Biblia diariamente y hable con Dios en oración. Dígale a otra persona lo que Jesús acaba de hacer por usted.

Si no ha sido bautizado con el Espíritu Santo, no tiene que seguir esperando. Esta tremenda experiencia bíblica equipa al creyente con poder para testificar. El bautismo en el Espíritu Santo también manifiesta los dones espirituales en la vida del creyente. (Véase 1 Corintios 12, 14). Muchos creyentes encuentran que después de recibir este bautismo oyen la voz de Dios más claramente, aun en los sueños. ¿Qué dijo Jesús sobre esta experiencia?

Y estando juntos, les mandó [Jesús] que no se fueran de Jerusalén, sino que esperasen la promesa del Padre, la cual, les dijo, oísteis de mí. Porque Juan ciertamente bautizó con agua, mas vosotros seréis bautizados con el Espíritu Santo dentro de no muchos días…pero recibiréis poder, cuando haya venido sobre vosotros el Espíritu Santo, y me seréis testigos en Jerusalén, en toda Judea, en Samaria, y hasta lo último de la tierra. (Hechos 1:4–5, 8)

Después de que Jesús ascendiera al cielo, los discípulos se juntaron para esperar la promesa del Espíritu Santo. Cuando vino el día de Pentecostés, "*fueron todos llenos del Espíritu Santo, y comenzaron a hablar en otras lenguas, según el Espíritu les daba que hablasen*" (Hechos 2:4).

¿Cómo puede usted saber que esta experiencia es para hoy y no solamente para la iglesia del primer siglo? Cuando Pedro predicó a los judíos que estaban en Jerusalén el día de Pentecostés, dijo:

> *Arrepentíos, y bautícese cada uno de vosotros en el nombre de Jesucristo para perdón de los pecados; y recibiréis el don del Espíritu Santo. Porque para vosotros es la promesa, y para vuestros hijos, y para todos los que están lejos; para cuantos el Señor nuestro Dios llamare.* (Hechos 2:38–39)

¿Estaría usted de acuerdo en que nosotros somos esos que "*están lejos*"? Dos mil años nos separan del derramamiento inicial del Espíritu Santo, ¡pero Dios dice que la promesa es para nosotros también!

Si usted ha recibido a Jesús como su Señor y Salvador, está listo para recibir el bautismo en el Espíritu Santo. Solamente toma un momento pedir con fe y recibir este don de Dios. Simplemente pídale al Señor Jesús que lo bautice. Crea que será lleno del poder de Dios y que podrá hablar en otras lenguas. Haga esta oración:

Señor Jesús,

> La Biblia dice que tú bautizas con el Espíritu Santo y fuego. Te pido que me bautices ahora mismo y me des un lenguaje celestial. Te doy gracias, Señor, y creo que puedo hablar en otras lenguas. Amén.

No se preocupe si suena raro. Comience a orar en fe, esperando que un lenguaje desconocido brote de sus labios. Ese es su lenguaje de oración. La Escritura dice: *"Porque si yo oro en lengua desconocida, mi espíritu ora"* (1 Corintios 14:14). El hablar en lenguas sobrepasa su razonamiento e intelecto natural.

La Escritura también dice: *"Oraré con el espíritu, pero oraré también con el entendimiento; cantaré con el espíritu, pero cantaré también con el entendimiento"* (1 Corintios 14:15). Lea Hechos y 1 Corintios para entender más sobre esta experiencia.

No se sorprenda si comienza a experimentar eventos sobrenaturales en su vida. ¡Acaba de comenzar una aventura emocionante en el Espíritu Santo!

ACERCA DEL AUTOR

Benny Thomas es un respetado maestro bíblico y autor conocido internacionalmente que ha estado en el ministerio itinerante por más de 35 años. Sus viajes le han llevado por los Estados Unidos y a países extranjeros cada año, realizando conferencias de impartición y otras reuniones, y haciendo frecuentes apariciones en la radio y la televisión cristiana.

Su peculiar estilo de enseñanza une aplicación práctica y revelación transformadora, lo cual lleva a los creyentes a un nivel más elevado de caminar en el Espíritu, oír la voz de Dios y encontrar y llevar a cabo sus tareas en el reino de Dios. Su ministerio es profético, acompañado por la operación de los dones del Espíritu Santo, entre los que se incluyen profecía, palabras de ciencia, dones de sanidad y milagros.

Es también pastor principal de la iglesia Church of Living Waters en Beaumont, Texas, donde él y su esposa, Sandy, supervisan la iglesia, un ministerio de formación ministerial (LogosRhema Training International) y Benny Thomas Ministries. Puede obtener más información sobre su ministerio y materiales de enseñanza visitando su página Web, www.bennythomas.org, o escribiendo a: Benny Thomas Ministries, P.O. Box 7820, Beaumont, Texas, 77726.